1

INTERPRETAÇÃO DE
TEXTOS

DESENVOLVENDO A COMPETÊNCIA LEITORA

WILLIAM CEREJA
Professor graduado em Português e Linguística e licenciado em Português pela USP
Mestre em Teoria Literária pela USP
Doutor em Linguística Aplicada e Análise do Discurso pela PUC-SP

CILEY CLETO
Professora graduada e licenciada em Português pela USP
Mestra em Linguística e Semiótica pela USP

Atual Editora

Presidência: Mario Ghio Júnior
Direção editorial: Lidiane Vivaldini Olo
Gerência editorial: Viviane Carpegiani
Gestão de área: Noé G. Ribeiro
Edição: Daniella Skezo Zerbinatti, Fernanda Carvalho, Mônica Rodrigues de Lima e Paula Junqueira
Planejamento e controle de produção: Flávio Matuguma, Juliana Batista, Felipe Nogueira e Juliana Gonçalves
Revisão: Kátia Scaff Marques (coord.), Brenda T. M. Morais, Claudia Virgilio, Daniela Lima, Malvina Tomáz e Ricardo Miyake
Arte: André Gomes Vitale (ger.), Catherine Saori Ishihara (coord.) e Carlos Magno (edição de arte)
Diagramação: Select Editoração
Iconografia e tratamento de imagem: Denise Kremer e Claudia Bertolazzi (coord.), Camila Losimfeldt (pesquisa iconográfica) e Fernanda Crevin (tratamento de imagens)
Licenciamento de conteúdos de terceiros: Roberta Bento (ger.), Jenis Oh (coord.), Liliane Rodrigues, Flávia Zambon e Raísa Maris Reina (analistas de licenciamento)
Ilustrações: Adolar, Felipe Camêlo, Biry Sarkis, David Martins, Hélio Senatore, Ideário Lab, Jean Galvão, Jefferson Galdino, Estúdio Mil e Vanessa Alexandre
Cartografia: Eric Fuzii (coord.) e Robson Rosendo da Rocha
Design: Erik Taketa (coord.) e Adilson Casarotti (proj. gráfico e capa)
Foto de capa: Rohit Dhanaji Shinde/Shutterstock; Rawpixel.com/Shutterstock; Zagory/Shutterstock

Todos os direitos reservados por Somos Sistemas de Ensino S.A.
Avenida Paulista, 901, 6ª andar – Bela Vista
São Paulo – SP – CEP 01310-200
http://www.somoseducacao.com.br

Dados Internacionais de Catalogação na Publicação (CIP)

```
Cereja, William Roberto
   Interpretação de textos 1° a 5° ano / William Roberto
Cereja, Ciley Cleto. -- 2. ed. -- São Paulo : Atual Editora,
2020.
   (Interpretação de textos ; vol. 1 ao 5)


1. Língua portuguesa (Ensino fundamental) 2. Língua
portuguesa (Ensino fundamental) I. Título II. Cleto, Ciley

20-1407                                         CDD 372.6
```

Angélica Ilacqua - CRB-8/7057

2021
Código da obra CL 801857
CAE 722385 (AL) / 722386 (PR)
ISBN 9788547237325 (AL)
ISBN 9788547237332 (PR)
2ª edição
2ª impressão
De acordo com a BNCC.

Impressão e acabamento
Log&Print Gráfica e Logística S.A.

Uma publicação

APRESENTAÇÃO

CARO ESTUDANTE:

VOCÊ JÁ NOTOU COMO ESTAMOS RODEADOS POR TEXTOS? ELES ESTÃO NAS RUAS, NOS CARTAZES, NOS LETREIROS DE ÔNIBUS, NAS PLACAS, NOS *OUTDOORS*, NAS RECEITAS DE BOLO...

TAMBÉM ESTÃO NAS MENSAGENS QUE ENVIAMOS E RECEBEMOS, NAS CONTAS PARA PAGAR, NOS BILHETES DEIXADOS NA MESA OU NA GELADEIRA...

ESTÃO NOS JORNAIS, NAS REVISTAS, NOS LIVROS E NA INTERNET. ESTÃO NAS HISTÓRIAS EM QUADRINHOS, NOS FILMES, NAS CANÇÕES, NA PINTURA, NAS INSTRUÇÕES DE JOGO...

OS TEXTOS FAZEM PARTE DA NOSSA VIDA! SABER LÊ-LOS ADEQUADAMENTE É PODER PARTICIPAR ATIVAMENTE DA VIDA E DO MUNDO.

NÓS, AUTORES, ESCREVEMOS ESTE LIVRO PARA AJUDÁ-LO A APRENDER A LER DE VERDADE E, POR MEIO DA LEITURA, DESCOBRIR UM MUNDO MARAVILHOSO QUE ESPERA POR VOCÊ.

NESSE MUNDO HÁ DE TUDO: DE PRÍNCIPES E PRINCESAS ATÉ PERSONAGENS INCRÍVEIS, COMO MENINO MALUQUINHO, MÔNICA, CEBOLINHA, MAFALDA, SURIÁ, GATURRO E MUITOS OUTROS. VOCÊ VAI SE DIVERTIR MUITO E TAMBÉM VAI REFLETIR, DISCUTIR, OPINAR...

COM ESTE LIVRO, QUEREMOS AJUDÁ-LO A CRESCER: CRESCER COMO LEITOR E CRESCER COMO PESSOA!

PARA COMEÇAR, É FÁCIL: BASTA VIRAR ESTA PÁGINA!

UM ABRAÇO,
OS AUTORES

SUMÁRIO

CAPÍTULO 1

BICHOS 8

- MENINO COM CARNEIRO, CANDIDO PORTINARI 8
- PEDACINHO NO JORNAL III, NEUSA SORRENTI 10
- O SAPO NÃO LAVA O PÉ, DA TRADIÇÃO POPULAR 12
- VAMOS CANTAR? 13
- EXERCÍCIOS 14

CAPÍTULO 2

O ABC E OS NOMES 20

- ABC DA PASSARADA, LALAU E LAURABEATRIZ 20
- O PATO E O GATO, PEDRO BANDEIRA 21
- AS ABELHAS, VINÍCIUS DE MORAIS 22
- EXERCÍCIOS 24

CAPÍTULO 3

S.O.S. MEIO AMBIENTE 32

- ANÚNCIO PUBLICITÁRIO DA S.O.S. MATA ATLÂNTICA 32
- MAPAS DA MATA ATLÂNTICA EM 1500 E HOJE 33
- EM CINCO ANOS, PREFEITURA RETIROU 200 TONELADAS DE LIXO DO RIO TIETÊ EM SALTO, G1 34
- TEXTO DA CAMPANHA DE COLETA DE LIXO ELETRÔNICO DA PREFEITURA DE AIURUOCA, MINAS GERAIS 35
- VAMOS DEBATER? 36
- EXERCÍCIOS 37

CAPÍTULO 4

É PROIBIDO? 44

- *PROIBIDO NADAR*, DE NORMAN ROCKWELL — 44
- HISTÓRIA EM QUADRINHOS DE ZIRALDO — 46
- *DOZE COISINHAS À TOA QUE NOS FAZEM FELIZES*, RUTH ROCHA — 47
- **EXERCÍCIOS** 49

CAPÍTULO 5

O SABOR DA AMIZADE 56

- CONVITE PARA FESTA DO DIA DAS CRIANÇAS — 56
- *BRINCAR DE BOLA*, DA TRADIÇÃO POPULAR — 58
- *O MEU AMIGO*, PEDRO BANDEIRA — 59
- **VAMOS DECLAMAR?** 60
- **EXERCÍCIOS** 61

CAPÍTULO 6

SAÚDE 68

- ANÚNCIO PUBLICITÁRIO, GOVERNO DO ESTADO DO CEARÁ — 68
- TEXTO DE CAMPANHA DE VACINAÇÃO CONTRA O SARAMPO, SUS — 69
- CARTAZ FESTIVAL INCENTIVO SESC — 70
- **EXERCÍCIOS** 72

 **CAPÍTULO**

MUNDO ANIMAL 80

CURIOSIDADES SOBRE ANIMAIS DE ESTIMAÇÃO EXÓTICOS, *ESTADO DE S. PAULO* 80

INFOGRÁFICOS SOBRE A EXPERIÊNCIA DE TER UM BICHO DE ESTIMAÇÃO, *ÉPOCA* 82

CURIOSIDADE SOBRE GATOS, *GUIA DOS CURIOSOS* 83

EXERCÍCIOS 85

CAPÍTULO

DIVERSÃO 94

COMO FICAR EM PÉ, *FOLHA DE S.PAULO* 94

PARLENDAS, DA TRADIÇÃO POPULAR 95

SE ESSA RUA FOSSE MINHA, DA TRADIÇÃO POPULAR 96

VAMOS DECLAMAR? 97

EXERCÍCIOS 98

CAPÍTULO 9

EU TAMBÉM SOU RESPONSÁVEL **104**

TABELA – QUANTOS LITROS DE ÁGUA PODEM SER ECONOMIZADOS NAS ATIVIDADES DIÁRIAS, *VITÓRIA NEWS* — 104

CURIOSIDADES PARA DESPERTAR O ESPÍRITO DA RECICLAGEM EM CADA UM DE NÓS, *UOL* — 105

QUADRO – AJUDA DOS FILHOS NAS TAREFAS DOMÉSTICAS, *PITADINHAS MATERNAS* — 106

EXERCÍCIOS 108

CAPÍTULO 10

VIVA A DIFERENÇA **114**

FOTO — 114

HISTÓRIA EM QUADRINHOS DE LUÍS AUGUSTO — 116

CADA UM COM SEU JEITO, ELIAS JOSÉ — 117

EXERCÍCIOS 119

BIBLIOGRAFIA **128**

CAPÍTULO 1

BICHOS

OS BICHOS FAZEM PARTE DE NOSSA VIDA! UNS MIAM, OUTROS LATEM E ABANAM O RABO, OUTROS CANTAM... APESAR DAS DIFERENÇAS, ELES TÊM UMA COISA EM COMUM: TODOS QUEREM EXPRESSAR E GANHAR CARINHO!

TEXTO 1

OBSERVE ATENTAMENTE ESTA PINTURA, DE CANDIDO PORTINARI:

▸ MENINO COM CARNEIRO (1954).

1 QUAIS SÃO OS PERSONAGENS DA PINTURA? RESPONDA ORALMENTE.

2 O LUGAR EM QUE OS PERSONAGENS ESTÃO É URBANO OU RURAL? ESCREVA:

☐

3 OBSERVE AS CORES DA PINTURA.

A) ELAS INDICAM QUE A CENA ACONTECE DE DIA OU DE NOITE? ESCREVA:

☐

B) AS CORES INDICAM QUE ESTÁ FRIO OU QUENTE? ESCREVA:

☐

4 OBSERVE O MENINO DA PINTURA E RESPONDA ORALMENTE:

A) O QUE O MENINO TEM SOBRE A CABEÇA?

B) O QUE ELE PROVAVELMENTE FOI FAZER?

C) QUE IDADE VOCÊ ACHA QUE ELE TEM?

D) ELE ESTÁ BRINCANDO OU TRABALHANDO?

E) A QUEM PERTENCE O CARNEIRO?

F) QUE SENTIMENTOS PARECE HAVER ENTRE ELES?

5 O QUE VOCÊ ACHA QUE O PINTOR QUIS RETRATAR? MARQUE COM UM X:

☐ AS BRINCADEIRAS DE UMA CRIANÇA NA ÁREA RURAL.

☐ A VIDA DIFÍCIL DE UMA CRIANÇA NA ÁREA RURAL.

☐ A VIDA DIFÍCIL DE UMA CRIANÇA NA ÁREA URBANA.

TEXTO 2

LEIA, COM O AUXÍLIO DO PROFESSOR, O POEMA QUE SEGUE.

PEDACINHO NO JORNAL III

PERDEU-SE UM GATO MALUCO
COM UMA FITA NO PESCOÇO.
ELE LATE MIADINHOS
E VIVE À CATA DE UM OSSO.

QUEM ACHAR QUEIRA LIGAR
PRA 22-22-28.
DOU OS MEUS TOCOS DE LÁPIS
E UM RESTO DE BISCOITO.

(Neusa Sorrenti. Chorinho de riacho e outros poemas para cantar. São Paulo: Formato, 2006.)

1) QUAL FOI O BICHO QUE DESAPARECEU? ESCREVA:

2 LIGUE AS PALAVRAS QUE RIMAM, ISTO É, PALAVRAS COM SOM PARECIDO NO FINAL:

OSSO   LÁPIS

LIGAR   PESCOÇO

3 POR QUE O BICHO QUE DESAPARECEU É "MALUCO"? RESPONDA ORALMENTE.

4 O QUE A CRIANÇA OFERECE A QUEM ACHAR O ANIMAL? MARQUE COM UM X:

5 QUAL É O NÚMERO DO TELEFONE PARA O QUAL A CRIANÇA PEDE QUE LIGUEM? ESCREVA:

TEXTO 3

COM O AUXÍLIO DO PROFESSOR, LEIA O TEXTO A SEGUIR. DEPOIS, PREENCHA AS LACUNAS COM O NOME DAS FIGURAS.

O _____ NÃO LAVA O PÉ

NÃO LAVA PORQUE NÃO QUER

ELE MORA LÁ NA _____

NÃO LAVA O _____ PORQUE NÃO QUER

MAS QUE CHULÉ!

(Da tradição popular.)

AGORA, RESPONDA:

1 ONDE O SAPO MORA? ESCREVA:

_____

2 POR QUE O SAPO NÃO LAVA O PÉ? MARQUE COM UM X:

☐ PORQUE ELE NÃO SABE.

☐ PORQUE ELE NÃO TEM ÁGUA.

☐ PORQUE ELE NÃO QUER.

3 O QUE ACONTECE SE O SAPO NÃO LAVAR O PÉ? ESCREVA:

_____

VAMOS CANTAR?

CANTE A CANTIGA DO SAPO, JUNTO COM OS COLEGAS. SE QUISER, FAÇA COREOGRAFIAS QUANDO CANTAR AS PALAVRAS **SAPO**, **PÉ** E **CHULÉ**.

DEZ LIVROS QUE VOCÊ NÃO PODE DEIXAR DE LER

- JARDIM ZOILÓGICO, DE CARLOS PIMENTEL (FORMATO)
- O JOGO DA PARLENDA, DE HELOÍSA PRIETO (COMPANHIA DAS LETRINHAS)
- O LIVRO REDONDO, DE CAULOS (ROCCO)
- O BATALHÃO DAS LETRAS, DE MÁRIO QUINTANA (GLOBO)
- UMA LETRA PUXA A OUTRA, DE JOSÉ PAULO PAES E KIKO FARKAS (COMPANHIA DAS LETRINHAS)
- ABECEDÁRIO DOS BICHOS QUE EXISTEM E NÃO EXISTEM, DE CARLOS RODRIGUES BRANDÃO (AUTORES ASSOCIADOS)
- RODA DE LETRINHAS DE **A** A **Z**, DE NYE RIBEIRO (RODA & CIA)
- UM JEITO DE BRINCAR, DE ELIAS JOSÉ (FTD)
- QUAL É QUE É, DE LALAU E LAURABEATRIZ (CORTEZ)
- ERA UMA VEZ... TRÊS!, DE ROSANE PAMPLONA (MODERNA)

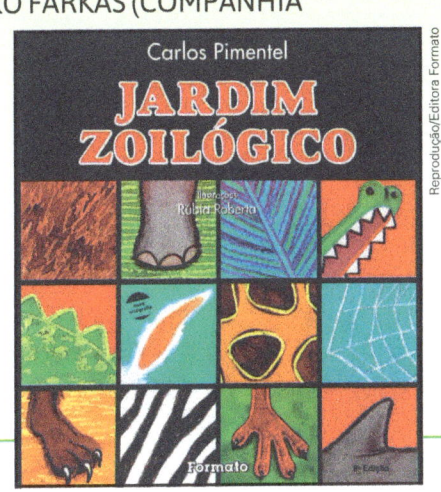

LEIA ESTE CONVITE COM A AJUDA DO PROFESSOR OU DE OUTRO ADULTO:

1) RESPONDA ORALMENTE:

A) A QUEM É DIRIGIDO O CONVITE?

B) QUAL É A FINALIDADE DO TEXTO?

2) QUE TIPO DE FESTA VAI ACONTECER? ESCREVA:

3) QUAL É A DATA DA FESTA? ESCREVA:

4) QUAL É O HORÁRIO DA FESTA? ESCREVA:

LEIA O POEMA A SEGUIR, COM O AUXÍLIO DO PROFESSOR OU DOS COLEGAS:

UM, DOIS, TRÊS

UM, DOIS, TRÊS,
PORTUGUÊS.

SAIO A PASSEIO,
ENCONTRO MARIA,
ALICE, CECÍLIA.
ESCOLHO INÊS.

UM, DOIS, TRÊS,
PORTUGUÊS.

(Sérgio Capparelli. *111 Poemas para crianças*. 9. ed. Porto Alegre: L&PM, 2008. p. 27.)

5 O POEMA CITA QUATRO MULHERES. QUAL FOI A ESCOLHIDA? ESCREVA:

6 AS PALAVRAS **UM**, **DOIS** E **TRÊS** CORRESPONDEM A QUAIS NÚMEROS? MARQUE COM UM X:

☐ 1, 2, 3   ☐ 1, 3, 4   ☐ 2, 3, 5

7 QUAIS PALAVRAS RIMAM, ISTO É, QUAIS PALAVRAS TÊM SOM PARECIDO NO FINAL DAS LINHAS? MARQUE COM UM X:

☐ INÊS — TRÊS — PORTUGUÊS

☐ PORTUGUÊS — PASSEIO — CECÍLIA

LEIA ESTE TEXTO:

Campanha de Vacinação
CONTRA O SARAMPO E PARALISIA INFANTIL
DE 06 A 31 DE AGOSTO
DIA D 18 DE AGOSTO

(Disponível em: http://barra.ba.gov.br/a-campanha-de-vacinacao-contra-o-sarampo-e-a-paralisia-infantil-comeca-dia-06-de-agosto/. Acesso em: 19/8/2019.)

8 AGORA FAÇA O QUE SE PEDE:

A) CIRCULE NO TEXTO OS DIAS E O MÊS DA VACINAÇÃO.

B) USANDO LETRAS, ESCREVA O NOME DO MÊS.

C) USANDO NÚMEROS, ESCREVA QUAL VAI SER O DIA **D** DA VACINAÇÃO.

9 A FINALIDADE DA CAMPANHA É:

☐ VACINAR AS CRIANÇAS CONTRA A PARALISIA INFANTIL.

☐ VACINAR AS CRIANÇAS CONTRA O SARAMPO.

☐ VACINAR AS CRIANÇAS CONTRA A PARALISIA INFANTIL E O SARAMPO.

10 A QUEM O TEXTO SE DESTINA? RESPONDA ORALMENTE.

11 FAÇA UM X ONDE HÁ APENAS DESENHOS. DEPOIS, PASSE UM TRAÇO EMBAIXO DA PALAVRA ESCRITA.

☐ BOLO   ☐ %&@^!

LEIA O GRÁFICO ABAIXO, COM A AJUDA DO PROFESSOR.

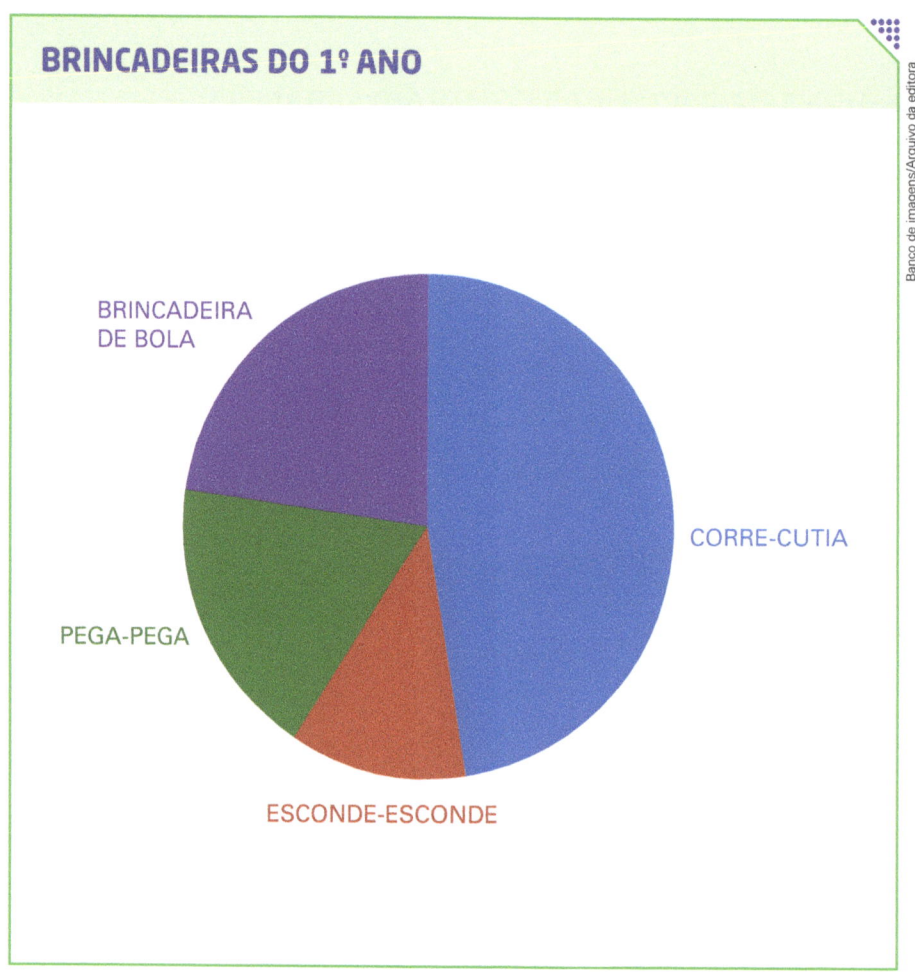

(Adaptado de http://portaldoprofessor.mec.gov.br/fichaTecnicaAula.html?aula=35581. Acesso em 10/10/2019.)

12 QUAL É A BRINCADEIRA PREFERIDA DAS CRIANÇAS?

13 QUAL BRINCADEIRA AS CRIANÇAS BRINCAM MENOS?

14 ESCREVA O NOME DA BRINCADEIRA DE QUE VOCÊ MAIS GOSTA.

LEIA ESTA TIRA, COM A AJUDA DO PROFESSOR:

15 NA TIRA HÁ UMA PERSONAGEM FEMININA DE UM CONTO MARAVILHOSO. QUAL O NOME DESSA PERSONAGEM?

16 POR QUE A PALAVRA **INCRÍVEIS** ESTÁ DIVIDIDA EM PARTES (SÍLABAS) NA TIRA? RESPONDA ORALMENTE.

17 O QUE O PRÍNCIPE FEZ NO CABELO DA PRINCESA? ESCREVA:

18 A PRINCESA GOSTOU DO QUE O PRÍNCIPE FEZ NO CABELO DELA? ESCREVA:

19 RESPONDA ORALMENTE: NO CONTO ORIGINAL, COMO É O CABELO DA PRINCESA?

20 VOCÊ CONHECE OUTRO CONTO MARAVILHOSO? CONTE PARA OS COLEGAS.

CAPÍTULO 2

O ABC E OS NOMES

COM AS LETRAS DO ALFABETO, VOCÊ PODE FORMAR O NOME DE TODAS AS COISAS: PESSOAS, BICHOS, BRINQUEDOS, MEIOS DE TRANSPORTE… QUER VER?

TEXTO 1

ACOMPANHE A LEITURA QUE O PROFESSOR VAI FAZER DESTE POEMA.

ABC DA PASSARADA

ANDORINHA	OITIBÓ
BEM-TE-VI	PINTASSILGO
COLEIRINHA	QUIRIRI
DORMINHOCO	ROLINHA
EMA	SABIÁ
FALCÃO	TICO-TICO
GRAÚNA	UIRAPURU
HARPIA	VIUVINHA
INHAMBU	XEXÉU
JACUTINGA	ZABELÊ
LINDO AZUL	
MAINÁ	
NOIVINHA	

(Lalau e Laurabeatriz. *Fora da gaiola*. São Paulo: Companhia das Letrinhas, 1999. p. 28.)

1. FAÇA UM CÍRCULO NA LETRA INICIAL DO NOME DE CADA PÁSSARO.

2. LEIA NA SEQUÊNCIA AS LETRAS QUE VOCÊ CIRCULOU. O QUE ELAS FORMAM? RESPONDA ORALMENTE.

3. VOCÊ SABE QUAIS SÃO AS VOGAIS DA NOSSA LÍNGUA? ESCREVA-AS:

☐ ☐ ☐ ☐ ☐

4. PINTE, NO POEMA, O NOME DAS AVES QUE COMEÇAM COM VOGAL.

5. POR QUE O POEMA SE CHAMA "ABC DA PASSARADA"? MARQUE A RESPOSTA CERTA.

☐ O AUTOR GOSTA DE PÁSSAROS.

☐ AS LETRAS INICIAIS DOS NOMES DOS PÁSSAROS, NA ORDEM EM QUE ELES ESTÃO, FORMAM O ABECEDÁRIO OU O ALFABETO.

TEXTO 2

ACOMPANHE A LEITURA QUE O PROFESSOR VAI FAZER DO POEMA:

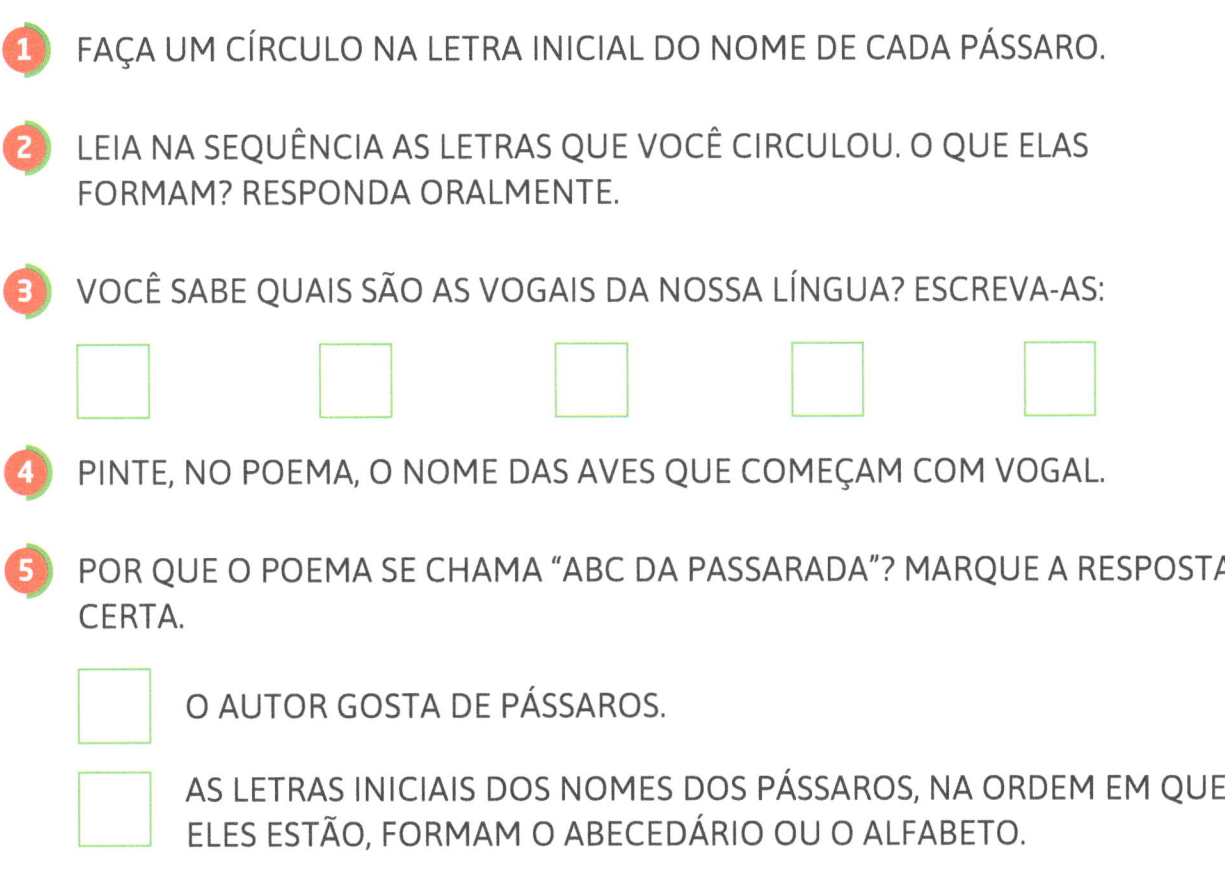

O PATO E O GATO

VEIO O GATO E DEU UM BOTE
PRA PEGAR PATO VADIO.
O PATO SUBIU NO BOTE,
FOI REMANDO E FUGIU!

(Pedro Bandeira. *Por enquanto eu sou pequeno*. São Paulo: Moderna, 2001. p. 30.)

1. O POEMA FALA DE QUAIS ANIMAIS? ESCREVA:

2 O GATO DEU UM BOTE PARA PEGAR O PATO. O QUE A PALAVRA **BOTE** QUER DIZER NESSA FRASE? ESCREVA:

3 QUE VEÍCULO O PATO USOU PARA FUGIR DO GATO? ESCREVA:

4 O GATO CONSEGUIU PEGAR O PATO? ESCREVA:

5 NA FRASE "O PATO SUBIU NO BOTE", O QUE A PALAVRA **BOTE** QUER DIZER? ESCREVA:

TEXTO 3

ACOMPANHE A LEITURA QUE O PROFESSOR VAI FAZER DESTE POEMA DE VINÍCIUS DE MORAIS.

AS ABELHAS

A AAAAAABELHA MESTRA
E AAAAAAAS ABELHINHAS
ESTÃO TOOOOOOODAS PRONTINHAS
PRA IIIIIIIR PARA A FESTA.

NUM ZUNE QUE ZUNE
LÁ VÃO PRO JARDIM
BRINCAR COM A CRAVINA
VALSAR COM O JASMIM.

DA ROSA PRO CRAVO
DO CRAVO PRA ROSA
DA ROSA PRO FAVO
VOLTA PRO CRAVO.

VENHAM VER COMO DÃO MEL
AS ABELHINHAS DO CÉU!

(*Poesia completa e prosa*. Rio de Janeiro: Aguilar, 1974. p. 373.)

1 PARA ONDE VÃO A ABELHA MESTRA E AS ABELHINHAS? ESCREVA:

2 O QUE A ABELHA MESTRA E AS ABELHINHAS FAZEM NO JARDIM? RESPONDA ORALMENTE.

OBSERVE ESTES VERSOS DO POEMA:

> "E AAAAAAAS ABELHINHAS
> ESTÃO TOOOOOOODAS PRONTINHAS
> PRA IIIIIIIR PARA A FESTA."

3 POR QUE AS VOGAIS ESTÃO REPETIDAS? MARQUE A RESPOSTA CERTA:

☐ PARA IMITAR O ZUMBIDO DA ABELHA.

☐ PARA IMITAR O CHEIRO DAS FLORES.

4 LIGUE AS PALAVRAS DO POEMA QUE RIMAM, ISTO É, QUE TÊM SOM PARECIDO NO FINAL:

CÉU   JASMIM

CRAVO   PRONTINHAS

ABELHINHAS   MEL

JARDIM   FAVO

EXERCÍCIOS

COM A AJUDA DO PROFESSOR, LEIA O ALFABETO ABAIXO, CRIADO PELO ARTISTA PLÁSTICO FABIAN GONZALEZ.

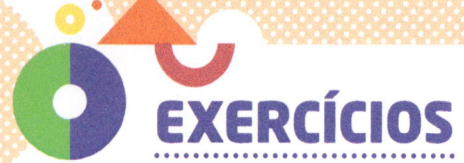

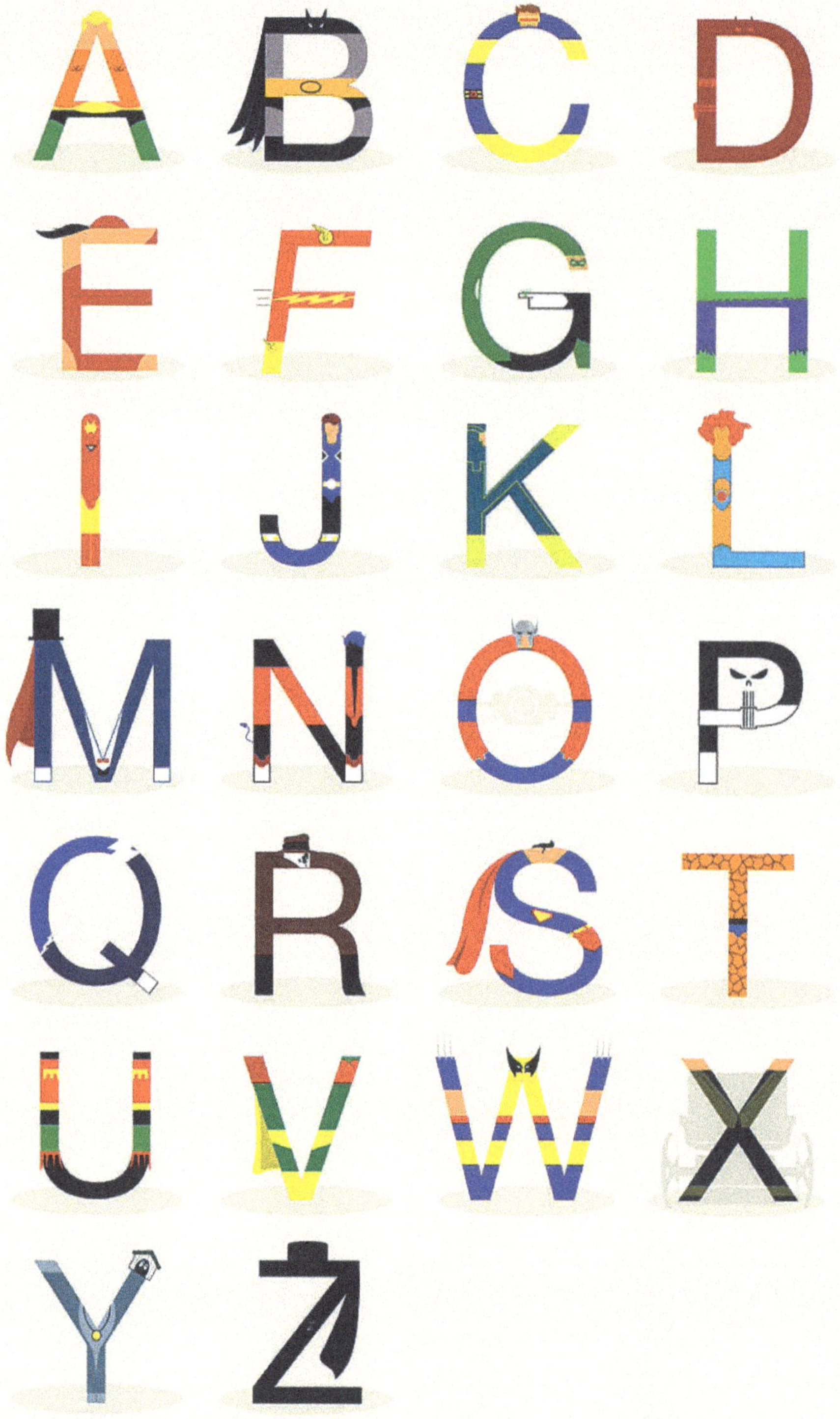

Reprodução/Fabian Gonzalez

(Disponível em: https://br.pinterest.com/pin/740419994960307163/. Acesso em: 22/6/2019.)

1. CADA LETRA DO ALFABETO RETRATA UM PERSONAGEM DE HISTÓRIA EM QUADRINHOS OU DESENHOS ANIMADOS. ADIVINHE E RESPONDA ORALMENTE.

   A) QUEM A LETRA **B** RETRATA?

   B) QUEM A LETRA **Z** RETRATA?

   C) QUEM A LETRA **S** RETRATA?

2. IDENTIFIQUE NAS LETRAS OUTROS HERÓIS QUE VOCÊ CONHECE. RESPONDA ORALMENTE.

3. ESCREVA O NOME DO PROFESSOR E DESCUBRA QUAIS PERSONAGENS ESTÃO RETRATADOS NAS LETRAS.

LEIA ESTE CONVITE, COM A AJUDA DO PROFESSOR E DOS COLEGAS, E RESPONDA ÀS QUESTÕES 4 A 7.

4. QUAL É O NOME DA ANIVERSARIANTE? ESCREVA:

5. QUANTOS ANOS A ANIVERSARIANTE ESTÁ FAZENDO? ESCREVA O NÚMERO:

6 A FESTA VAI SER NA **RUA DO RIO**. QUAL É O NÚMERO DA CASA? ESCREVA:

☐

7 QUAL É O NÚMERO DO TELEFONE DO LOCAL? ESCREVA:

☐ ☐ ☐ ☐ ☐ ☐ ☐ ☐

COM A AJUDA DO PROFESSOR, LEIA O TEXTO ABAIXO. DEPOIS RESPONDA ÀS QUESTÕES 8 A 11.

8 VOCÊ CONHECE ESSA FICHA? RESPONDA ORALMENTE ÀS PERGUNTAS ABAIXO.

A) O QUE ESTÁ ESCRITO EM LETRAS MAIORES, NO CENTRO?

B) PARA QUE SERVE?

C) DE QUEM É O NOME QUE SE COLOCA NO TOPO DA FICHA?

9 A FICHA SE DIVIDE EM TRÊS PARTES: **NOME DO LIVRO**, **RETIRADA** E **DEVOLUÇÃO**. QUEM VOCÊ ACHA QUE PREENCHE ESSES DADOS? MARQUE A RESPOSTA CORRETA:

☐ A BIBLIOTECÁRIA   ☐ O ALUNO

10 RESPONDA ORALMENTE:

A) QUAL DATA SE COLOCA NA RETIRADA?

B) QUAL DATA SE COLOCA NA DEVOLUÇÃO?

11 VOCÊ TEM O HÁBITO DE RETIRAR LIVROS NA BIBLIOTECA DA SUA ESCOLA? POR QUÊ? CONTE PARA OS COLEGAS.

12 VOCÊ CONHECE OS PERSONAGENS DA TURMA DA MÔNICA? LEIA O NOME DE ALGUNS DELES:

MÔNICA   CASCÃO   MAGALI
CEBOLINHA   FRANJINHA

AGORA, ESCREVA O NOME DESTES TRÊS:

13 DE QUAL PERSONAGEM VOCÊ GOSTA MAIS? CONTE PARA OS COLEGAS.

ACOMPANHE A LEITURA QUE O PROFESSOR OU OUTRO ADULTO VAI FAZER DA LETRA DE UMA CANTIGA. SE CONHECER A MELODIA, APROVEITE PARA CANTAR A CANTIGA.

PINTINHO AMARELINHO

MEU PINTINHO AMARELINHO
CABE AQUI NA MINHA MÃO (NA MINHA MÃO).
QUANDO QUER COMER BICHINHOS,
COM SEUS PEZINHOS ELE CISCA O CHÃO.
ELE BATE AS ASAS E ELE FAZ PIU-PIU,
MAS TEM MUITO MEDO É DO GAVIÃO.

Hilton Júnior. Vários intérpretes.

Biry Sarkis/Arquivo da editora

14 A CANTIGA FALA DE QUAL ANIMAL?

15 POR QUE ELE CISCA O CHÃO?

16 COMO ELE CISCA O CHÃO?

17 POR QUE ELE TEM MEDO DO GAVIÃO? RESPONDA ORALMENTE.

18 QUE SOM O PINTINHO FAZ?

LEIA ESTE POEMA, COM A AJUDA DO PROFESSOR:

ROSA LINDA

TODO MUNDO DIZ QUE A ROSA
É SUA FLOR FAVORITA
COMO O MEU NOME É ROSA,
TODOS ME ACHAM BONITA.

(Pedro Bandeira. *Por enquanto eu sou pequeno.*
São Paulo: Moderna, 2002. p. 29.)

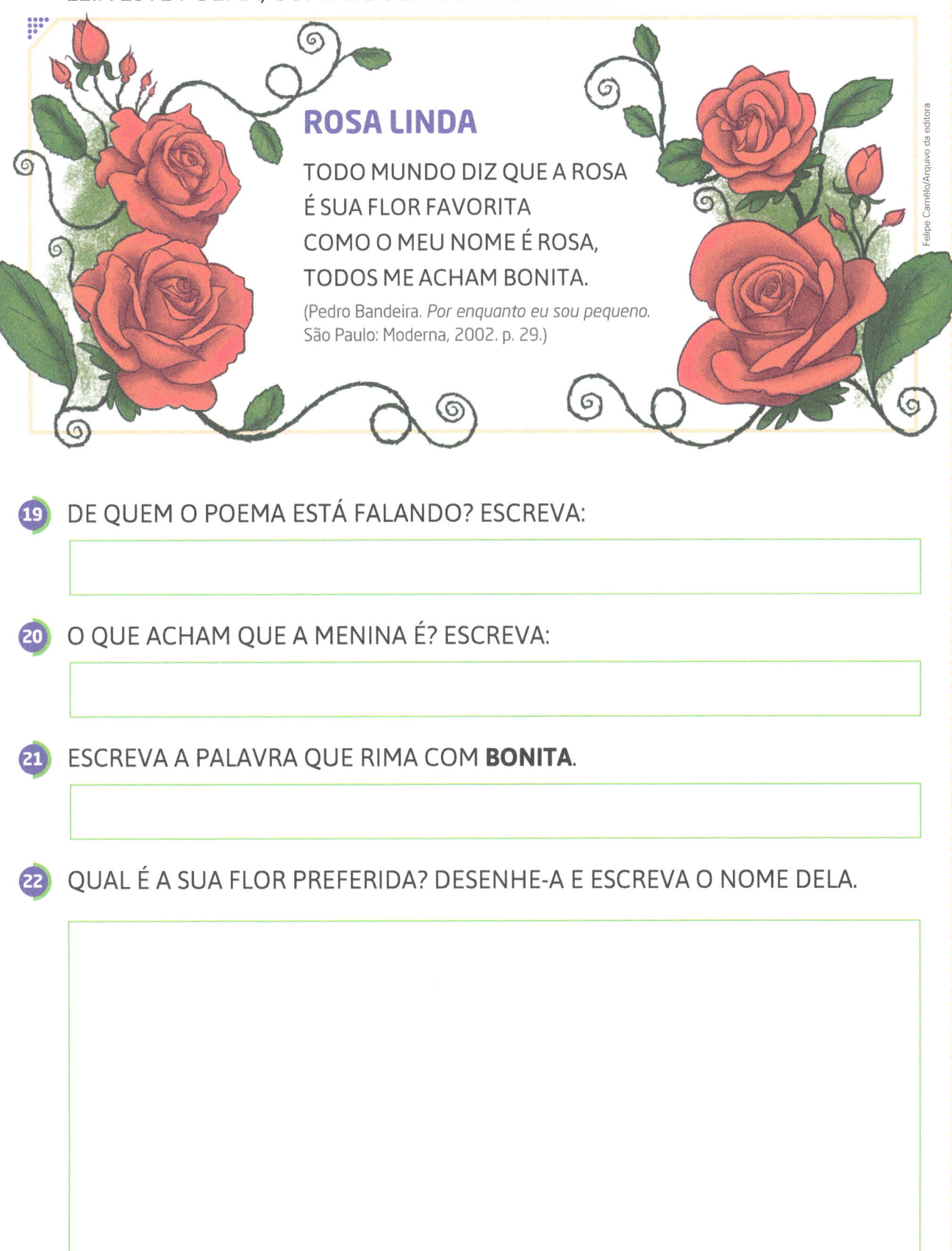

19 DE QUEM O POEMA ESTÁ FALANDO? ESCREVA:

20 O QUE ACHAM QUE A MENINA É? ESCREVA:

21 ESCREVA A PALAVRA QUE RIMA COM **BONITA**.

22 QUAL É A SUA FLOR PREFERIDA? DESENHE-A E ESCREVA O NOME DELA.

VOCÊ JÁ OUVIU FALAR DO PROJETO TAMAR? LEIA ESTE ANÚNCIO, COM A AJUDA DO PROFESSOR OU DE OUTRO ADULTO:

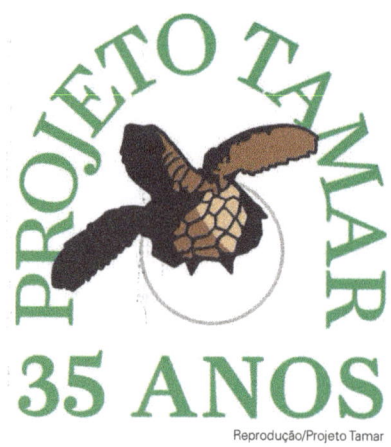

Reprodução/Projeto Tamar

23 QUE ANIMAL O PROJETO TAMAR PROCURA PRESERVAR? ESCREVA:

24 QUANTOS ANOS O PROJETO TAMAR COMPLETOU? ESCREVA O NÚMERO:

25 VOCÊ JÁ VISITOU O PROJETO TAMAR? CONTE PARA O PROFESSOR E OS COLEGAS COMO FOI.

ACOMPANHE A LEITURA QUE O PROFESSOR VAI FAZER DESTE POEMA:

QUARTETO

O SAPO-BOI:
— QUE FOI?
— QUE FOI?

A COBRA ENROLA
E DESENROLA
O SEU CHOCALHO:
— CRÉU, CRÉU!

CRICRILA O GRILO
AQUI E ALI:
— CRI, CRI...
— CRI, CRI....

PREVENDO EMBOSCADA,
O BEM-TE-VI
SAI NA VOADA:
—TE VI! TE VI!

(Celina Ferreira. *Papagaio gaio*. Belo Horizonte: Formato, 1998. p. 19.)

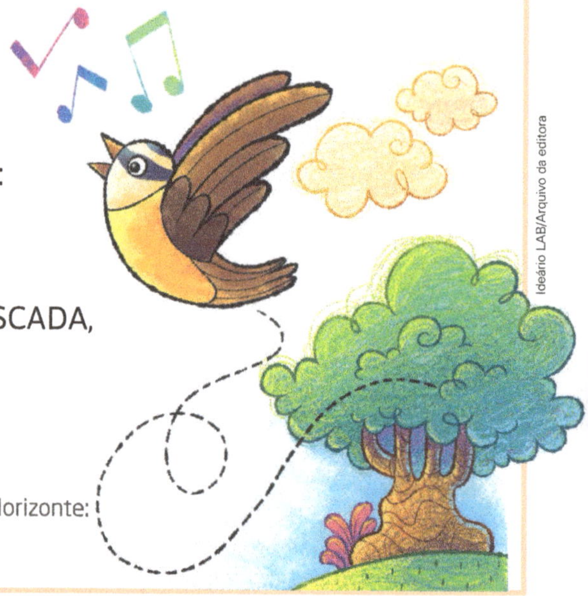

Ideário LAB/Arquivo da editora

26 PINTE OS DESENHOS E ESCREVA A LETRA INICIAL DO NOME DE CADA BICHO DO POEMA:

Ilustrações: Ideário LAB/Arquivo da editora

27 POR QUE O POEMA SE CHAMA "QUARTETO"? RESPONDA ORALMENTE.

28 CIRCULE NO POEMA O NOME DOS QUATRO BICHOS.

29 NO POEMA, QUAL É O SOM:

A) FEITO PELA COBRA? ESCREVA:

B) FEITO PELO GRILO? ESCREVA:

C) FEITO PELO BEM-TE-VI? ESCREVA:

D) FEITO PELO SAPO-BOI? ESCREVA:

CAPÍTULO 3

S.O.S. MEIO AMBIENTE

VOCÊ GOSTA DE NATUREZA? E SABE QUE NOSSO PLANETA ESTÁ SENDO AMEAÇADO PELO SER HUMANO?

TEXTO 1

RESPONDA ÀS PERGUNTAS QUE O PROFESSOR VAI FAZER SOBRE O ANÚNCIO PUBLICITÁRIO DA S.O.S. MATA ATLÂNTICA PARA O DIA MUNDIAL DO MEIO AMBIENTE.

Reprodução/Fundação SOS Mata Atlântica

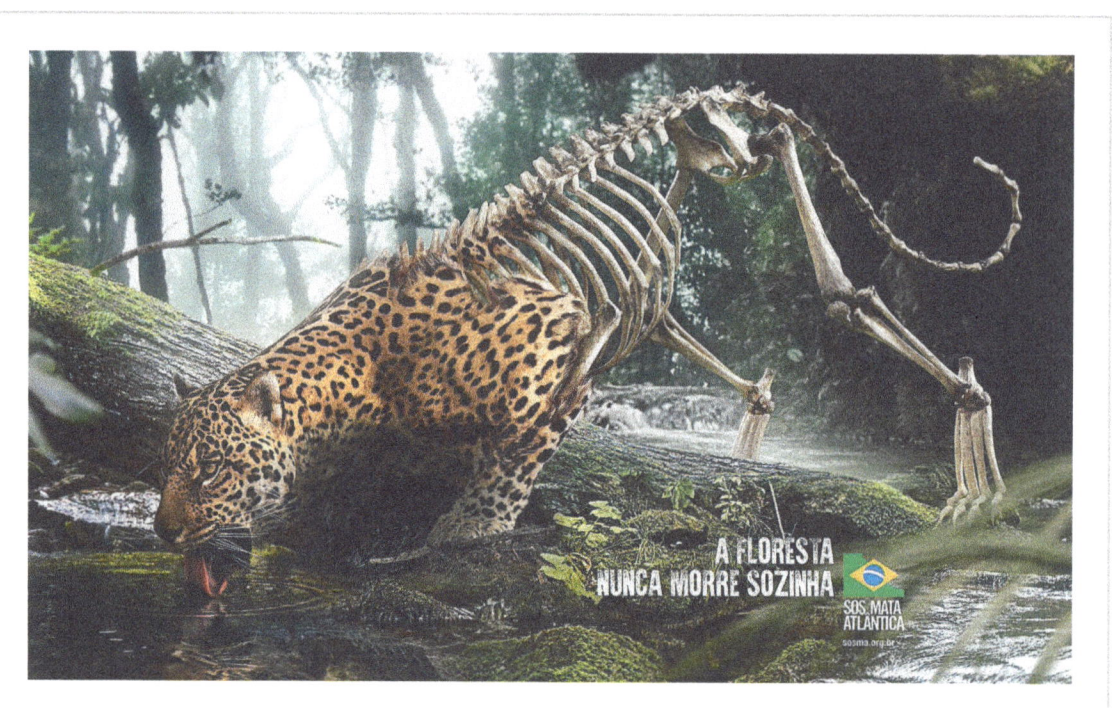

(Disponível em: https://exame.abril.com.br/marketing/conheca-seis-campanhas-para-o-dia-mundial-do-meio-ambiente/. Acesso em: 22/8/2019.)

1 QUAL É O ANIMAL DA FOTOGRAFIA? ESCREVA:

2 ONDE ELE ESTÁ? ESCREVA:

RESPONDA ORALMENTE ÀS QUESTÕES 3 A 6.

3 O QUE ESSE ANIMAL ESTÁ FAZENDO?

4 O QUE CONTECEU COM A PARTE DE TRÁS DO ANIMAL?

5 O QUE QUER DIZER A FRASE: "A FLORESTA NUNCA MORRE SOZINHA"?

6 O ANÚNCIO É ECOLÓGICO.

A) VOCÊ SABE O QUE SIGNIFICA **ECOLÓGICO**? TROQUE IDEIAS COM OS COLEGAS.

B) QUAL É A FINALIDADE OU O OBJETIVO DO ANÚNCIO?

TEXTO 2

OBSERVE OS DOIS MAPAS DO BRASIL ABAIXO. A ÁREA VERDE MOSTRA A MATA ATLÂNTICA. O PRIMEIRO MAPA MOSTRA COMO ERA A MATA ATLÂNTICA EM 1500, QUANDO OS PORTUGUESES CHEGARAM AO BRASIL. O SEGUNDO MAPA MOSTRA A SITUAÇÃO DA MATA ATLÂNTICA HOJE. RESPONDA ORALMENTE ÀS QUESTÕES 1 E 2.

(Disponível em: https://planetabiologia.com/bioma-mata-atlantica/. Acesso em: 30/8/2019.)

1. ONDE SE SITUA A MATA ATLÂNTICA NO BRASIL?

2. COMPARANDO OS DOIS MAPAS, CONCLUA: QUAL É A SITUAÇÃO DA MATA ATLÂNTICA HOJE?

TEXTO 3

LEIA A NOTÍCIA A SEGUIR, COM A AJUDA DO PROFESSOR.

EM CINCO ANOS, PREFEITURA RETIROU 200 TONELADAS DE LIXO DO RIO TIETÊ EM SALTO

CHUVA FORTE NA CAPITAL ARRASTA 'MAR DE LIXO' ATÉ A CIDADE DO INTERIOR. GARRAFA PET, BOLINHAS DE PLÁSTICO E ATÉ CAPACETE SÃO ENCONTRADOS NO MEIO DO LIXO.

POR G1 SOROCABA E JUNDIAÍ
26/02/2019

(Disponível em: https://g1.globo.com/sp/sorocaba-jundiai/noticia/2019/02/26/em-cinco-anos-prefeitura-retirou-200-toneladas-de-lixo-do-rio-tiete-em-salto.ghtml. Acesso em: 22/8/2019.)

1. O QUE A PREFEITURA RETIROU DO RIO TIETÊ? MARQUE COM UM X:

☐ ÁGUA   ☐ LIXO

2. PARA ONDE FOI O "MAR DE LIXO" QUE FOI ARRASTADO DA CAPITAL? ESCREVA:

3. QUANDO OCORREU ESSE FATO? ESCREVA A DATA:

4. O QUE VOCÊ ENTENDE POR "MAR DE LIXO"? MARQUE COM UM X:

☐ MUITO LIXO NA ÁGUA   ☐ POUCO LIXO NA ÁGUA

5. O QUE HAVIA NO "MAR DE LIXO"? MARQUE COM UM X:

☐ ☐ ☐ ☐

TEXTO 4

LEIA A SEGUIR, COM A AJUDA DO PROFESSOR, O TEXTO DA CAMPANHA DE COLETA DE LIXO ELETRÔNICO DA PREFEITURA DE AIURUOCA, MINAS GERAIS.

LIXO ELETRÔNICO NÃO DESCARTE ESSA IDEIA

(Disponível em: https://www.aiuruoca.mg.gov.br/prefeitura-e-inatel-realizarao-coleta-de-lixo-eletronico-em-aiuruoca/. Acesso em: 30/8/2019.)

1. A IMAGEM MOSTRA UM ROBÔ COM UM CESTO DE LIXO ELETRÔNICO.

   A) QUE APARELHOS ESTÃO DENTRO DO CESTO? ESCREVA:

   B) QUE OUTROS APARELHOS PODERIAM ESTAR NO CESTO? RESPONDA ORALMENTE.

2 POR QUE A PREFEITURA DE AIURUOCA QUER ESTIMULAR A COLETA DE LIXO ELETRÔNICO? MARQUE A RESPOSTA CERTA:

☐ PARA EVITAR A POLUIÇÃO DO MEIO AMBIENTE.

☐ PARA CONTROLAR O USO DE APARELHOS ELETRÔNICOS.

3 COMO VOCÊ ACHA QUE PODEMOS JOGAR O LIXO ELETRÔNICO NO LUGAR CERTO? CONVERSE COM OS COLEGAS E O PROFESSOR.

4 RELEIA O TEXTO DA CAMPANHA:

> LIXO ELETRÔNICO
> NÃO DESCARTE ESSA IDEIA

O QUE **NÃO** DEVEMOS DESCARTAR, OU SEJA, JOGAR FORA? MARQUE COM UM X:

☐ O LIXO ELETRÔNICO.   ☐ A IDEIA DA COLETA.

VAMOS DEBATER?

TROQUEM IDEIAS:

1 MUITA GENTE JOGA LIXO EM QUALQUER LUGAR. ISSO É BOM PARA A NATUREZA?

2 VOCÊ SABE O QUE FAZEM COM O LIXO SELETIVO DE PAPEL, VIDRO, PLÁSTICO, METAL?

3 VOCÊ SABE EM QUE LOCAL SE DEVE JOGAR O LIXO ELETRÔNICO NO BAIRRO OU NA CIDADE ONDE MORA?

EXERCÍCIOS

LEIA O TEXTO QUE SEGUE, COM A AJUDA DO PROFESSOR, E RESPONDA ÀS QUESTÕES 1 A 5.

GALERIA DA MATA ATLÂNTICA

FAUNA

- TIÉ-SANGUE
- MICO-LEÃO-DOURADO
- PREGUIÇA
- JAGUATIRICA
- TAMANDUÁ-BANDEIRA

FLORA

- PAU-BRASIL
- PALMITO-JUÇARA
- URUCUM
- ORQUÍDEA
- CÁSSIA

(Mauricio de Sousa. *Ecologia e meio ambiente*. São Paulo: Panini, 2011. p. 104.)

1) O TEXTO SE CHAMA "GALERIA DA MATA ATLÂNTICA" E ESTÁ DIVIDIDO EM DUAS PARTES: "FAUNA" E "FLORA".

A) O QUE É A **FAUNA**? MARQUE A RESPOSTA CORRETA:

☐ O CONJUNTO DOS ANIMAIS

☐ O CONJUNTO DAS ÁRVORES E DAS PLANTAS

B) O QUE É A **FLORA**? MARQUE A RESPOSTA CORRETA:

☐ O CONJUNTO DOS ANIMAIS

☐ O CONJUNTO DAS ÁRVORES E DAS PLANTAS

2) NA MATA ATLÂNTICA, HÁ MUITOS OUTROS ANIMAIS, COMO O JABUTI E O PICA-PAU. ONDE ESSES BICHOS SE INCLUEM: NA FAUNA OU NA FLORA? ESCREVA:

3) NO TEXTO, ENTRE OS NOMES DE ÁRVORES E PLANTAS, HÁ UM QUE TAMBÉM É NOME DE MULHER. QUAL É ELE? ESCREVA:

4) DO FRUTO DE UMA DAS PLANTAS QUE APARECEM NO TEXTO, OS INDÍGENAS EXTRAEM UMA SUBSTÂNCIA QUE USAM PARA PINTAR A PELE. QUAL É O NOME DESSE FRUTO? ESCREVA:

5) UMA DAS DUAS ÁRVORES MOSTRADAS NO TEXTO ESTÁ EM EXTINÇÃO PORQUE AS PESSOAS A CORTAM PARA COMER. QUAL É ELA? ESCREVA:

6) VOCÊ SABE QUAL É O SIGNIFICADO DAS PLACAS APRESENTADAS NA PÁGINA SEGUINTE?

UMA DICA: O CORTE NO MEIO DA FIGURA SIGNIFICA: PROIBIDO!

ESCREVA O SIGNIFICADO AO LADO DE CADA PLACA.

LEIA O TEXTO A SEGUIR, COM A AJUDA DO PROFESSOR.

QUANTO BICHO NO BRASIL!

TEM A ONÇA E O VEADO,
TEM TAMBÉM TAMANDUÁ.
TEM A ANTA, TEM A PACA,
PAPAGAIO E CARCARÁ.
TEM MICO-LEÃO-DOURADO,
TEM CALANGO E JABUTI,
ARARINHA-AZUL PEQUENA
E O MEU CACHORRO TUPI.

DIZEM QUE ESSA BICHARADA
PODE DESAPARECER.
QUE PERIGO, VEJAM SÓ!
EU JÁ SEI O QUE FAZER:
ESSES BICHOS SÃO BONITOS
E PRECISAM DE CARINHO.
VOU TOMAR MUITO CUIDADO
E ESCONDER MEU CACHORRINHO!

(Pedro Bandeira. *Mais respeito, eu sou criança*. 2. ed. São Paulo: Moderna, 2002. p. 75.)

7 QUAL É O ASSUNTO DO POEMA? MARQUE:

☐ A FLORA DO BRASIL　　　☐ A FAUNA DO BRASIL

8 QUE PERIGO OS BICHOS DO BRASIL CORREM? RESPONDA ORALMENTE.

9 DOS BICHOS ABAIXO, QUAL FOI ESCOLHIDO PARA SER PROTEGIDO? MARQUE:

☐　　　☐　　　☐

10 TROQUE IDEIAS COM OS COLEGAS: QUEM PODE PROTEGER OS BICHOS QUE VIVEM NA MATA?

LEIA O POEMA, COM A AJUDA DO PROFESSOR E DOS COLEGAS:

COINCIDÊNCIAS

PAI, PADRINHO, PRIMO,
PIPA, PETECA, PLANTA,
PASSARINHO, PEIXE, PESCA,
PIRULITO, PASTEL, PICOLÉ,
PARQUE, PIPOCA, PAQUERA...

NÃO SEI BEM POR QUÊ,
MAS TUDO
OU QUASE TUDO
DE QUE GOSTO

COMEÇA COM A LETRA "P".

(Elias José. *O jogo de fantasia*. São Paulo: Paulus, 2004. p. 30.)

11 RESPONDA ORALMENTE:

A) QUEM FALA NO POEMA É UMA CRIANÇA OU UM ADULTO?

B) POR QUE O TÍTULO DO POEMA É "COINCIDÊNCIAS"?

12 QUEM FALA NO POEMA GOSTA DE QUÊ? MARQUE:

13 ENTRE TUDO O QUE VOCÊ MARCOU, HÁ APENAS UM BRINQUEDO. QUAL É ELE? ESCREVA O NOME:

LEIA ESTA CANTIGA, COM A AJUDA DO PROFESSOR:

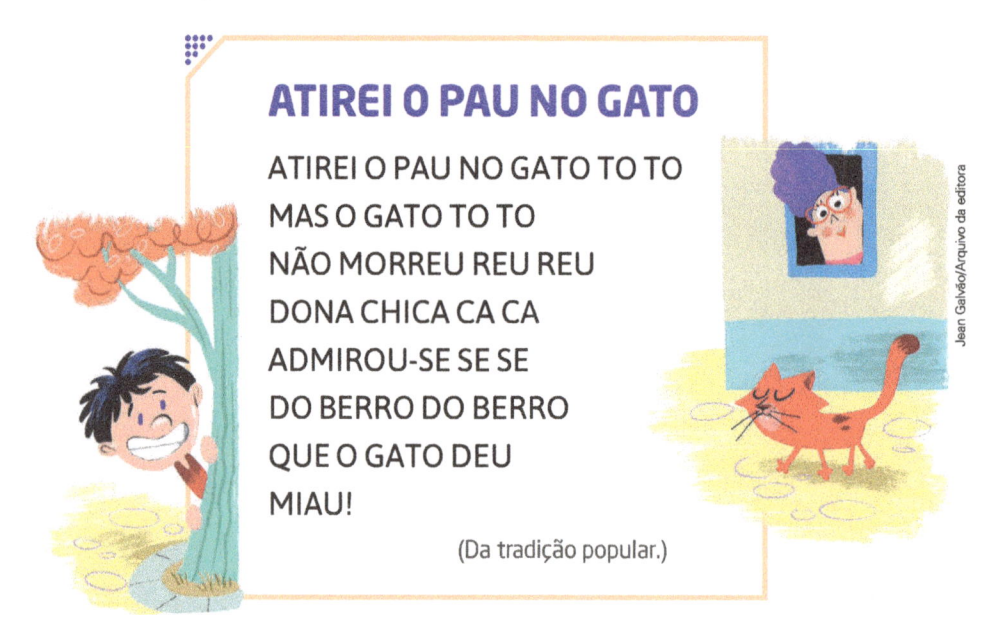

ATIREI O PAU NO GATO

ATIREI O PAU NO GATO TO TO
MAS O GATO TO TO
NÃO MORREU REU REU
DONA CHICA CA CA
ADMIROU-SE SE SE
DO BERRO DO BERRO
QUE O GATO DEU
MIAU!

(Da tradição popular.)

RESPONDA ORALMENTE ÀS QUESTÕES 14 A 18.

14. O QUE FIZERAM COM O GATO?

15. O QUE ACONTECEU COM O GATO?

16. COM O QUE DONA CHICA FICOU ADMIRADA?

17. POR QUE O GATO BERROU?

18. VOCÊ ACHA CORRETO BATER EM ANIMAIS?

19. VAMOS DESCOBRIR CURIOSIDADES SOBRE AS ABELHAS? LEIA O TEXTO A SEGUIR, COM A AJUDA DO PROFESSOR OU DE OUTRO ADULTO. DEPOIS, LIGUE AS COLUNAS E TENTE ACERTAR OS NÚMEROS.

- AS ASAS DAS ABELHAS BATEM _____ VEZES POR SEGUNDO.   300

- UM ENXAME PODE CONTAR COM ATÉ _____ MIL INDIVÍDUOS.   3

- UMA ABELHA CARREGA O PESO EQUIVALENTE A _____ VEZES O SEU.   180

- AS ABELHAS RAINHAS PÕEM _____ MIL OVOS NUM ÚNICO DIA.   100

(Disponível em: https://abelha.org.br/curiosidades/. Acesso em: 2/9/2019.)

LEIA O TEXTO A SEGUIR, COM A AJUDA DO PROFESSOR OU DE OUTRO ADULTO.

DADOS PESSOAIS

NOME: _____

_____ TURNO: _____

ENDEREÇO: _____

_____

BAIRRO: _____ CIDADE: _____

ESTADO: _____ CEP: _____ TEL.: _____

MÃE OU REPONSÁVEL: _____ TEL.: _____

PAI OU REPONSÁVEL: _____ TEL.: _____

PESSOAS AUTORIZADAS A BUSCAR A CRIANÇA NA AUSÊNCIA DOS PAIS

1- _____

GRAU DE PARENTESCO: _____ RG: _____

2- _____

GRAU DE PARENTESCO: _____ RG: _____

A FICHA DE DADOS PESSOAIS ESTÁ DIVIDIDA EM DUAS PARTES.

20 RESPONDA ORALMENTE:

A) QUAL É O OBJETIVO DA PRIMEIRA PARTE?

B) E DA SEGUNDA PARTE?

21 ESSE TEXTO É USADO EM QUE LUGAR? ESCREVA:

22 QUEM BUSCA VOCÊ NA ESCOLA: SEU PAI, SUA MÃE OU OUTRO RESPONSÁVEL? RESPONDA ORALMENTE.

CAPÍTULO 4

É PROIBIDO?

EXISTEM TANTAS COISAS PROIBIDAS NA VIDA: PISAR NA GRAMA, DORMIR TARDE, FALAR AO CELULAR QUANDO ESTAMOS NO CINEMA, COMER A SOBREMESA ANTES DO ALMOÇO… VOCÊ JÁ FEZ ALGUMA COISA PROIBIDA?

TEXTO 1

RESPONDA ORALMENTE ÀS PERGUNTAS QUE O PROFESSOR VAI FAZER.

▸ *PROIBIDO NADAR* (1929), DE NORMAN ROCKWELL.

1) QUEM É A PERSONAGEM PRINCIPAL DA PINTURA?

2) ATRÁS DA MENINA, HÁ UMA PLACA COM ROUPAS E OBJETOS PENDURADOS NELA. NA PLACA, ESTÁ ESCRITO EM INGLÊS **NO SWIMMING**, QUE QUER DIZER "PROIBIDO NADAR".

   A) AS ROUPAS SÃO DE MENINOS OU DE MENINAS? O QUE INDICA SE SÃO DE MENINOS OU DE MENINAS?

   B) AS ROUPAS QUE ESTÃO PENDURADAS NA PLACA E QUE ESTÃO NO CHÃO PERTENCEM A QUANTAS CRIANÇAS? O QUE, NA PINTURA, INDICA ISSO?

   C) O QUE AS ROUPAS E OS OBJETOS PENDURADOS NA PLACA E DEIXADOS NO CHÃO INDICAM?

3) POR QUE A MENINA ESTÁ DE OLHOS FECHADOS?

4) O QUE PROVAVELMENTE A MENINA ESTÁ LEVANDO NA CESTA?

5) OBSERVE O CÃOZINHO EMBAIXO DA PLACA.

   A) A QUEM PROVAVELMENTE ELE PERTENCE?

   B) ELE ESTÁ ALEGRE OU TRISTE? NA SUA OPINIÃO, POR QUE ELE ESTÁ ASSIM?

6) VOCÊ ACHA QUE A PINTURA É ATUAL OU ANTIGA? POR QUÊ?

7) QUAL É O RISCO DE NADAR EM LUGAR PROIBIDO?

TEXTO 2

LEIA ESTA HISTÓRIA EM QUADRINHOS, COM A AJUDA DO PROFESSOR:

(Ziraldo. *Curta o Menino Maluquinho.* São Paulo: Globo, 2006. p. 39.)

1 O MENINO MALUQUINHO E SEU AMIGO SÃO CRIANÇAS QUE VIVEM ONDE? ESCREVA:

2 QUEM ENSINOU O MENINO MALUQUINHO A COMER FRUTAS NO PÉ?

3 O QUE ESQUECERAM DE ENSINAR AO MENINO MALUQUINHO? RESPONDA ORALMENTE.

4 DE QUEM VOCÊ ACHA QUE É O PÉ DE FRUTAS? O QUE, NA HISTÓRIA, INDICA ISSO? RESPONDA ORALMENTE.

5 VOCÊ COSTUMA COMER FRUTAS NO PÉ OU SÓ COME FRUTAS VINDAS DO SUPERMERCADO? COMENTE COM OS COLEGAS.

TEXTO 3

ACOMPANHE A LEITURA QUE O PROFESSOR VAI FAZER DESTE POEMA:

DOZE COISINHAS À TOA QUE NOS FAZEM FELIZES

ANDAR DE SKATE NUM LUGAR LISINHO
TOMAR SORVETE DO DE PALITINHO
PASSAR A MÃO, DE LEVE, NO GATINHO

ANDAR NA CHUVA, QUE É PRA SE MOLHAR
PASSAR COLA NA MÃO E DESCASCAR
ACABAR A LIÇÃO PRA IR BRINCAR

JOGAR ESTALO PRA ESTALAR NO CHÃO
A COR AZUL DAS PENAS DO PAVÃO
VER NA TV SEU CLUBE CAMPEÃO

VER GELATINA TREMENDO NO PRATO
NADAR DEPRESSA USANDO PÉ DE PATO
MOSTRAR A LÍNGUA PRA TIRAR RETRATO

(Ruth Rocha. *Toda criança do mundo mora no meu coração*. Ilustrações de Mariana Massarani. 2. ed. São Paulo: Salamandra, 2014. p. 56.)

1 RELEIA O TÍTULO DO POEMA. O QUE QUER DIZER A EXPRESSÃO **COISINHAS À TOA**? RESPONDA ORALMENTE.

2 DAS COISAS CITADAS NO POEMA, ALGUMA DELAS TAMBÉM DEIXA VOCÊ FELIZ? SE SIM, ESCREVA.

3 LIGUE AS PALAVRAS QUE RIMAM ENTRE SI:

LISINHO   PAVÃO

MOLHAR   BRINCAR

CHÃO   RETRATO

PRATO   GATINHO

4 QUE OUTRA COISA DEIXA VOCÊ FELIZ? DESENHE E ESCREVA O NOME.

EXERCÍCIOS

LEIA O POEMA A SEGUIR, COM A AJUDA DO PROFESSOR.

O QUE É QUE EU VOU SER?

BETE QUER SER BAILARINA,
ZÉ QUER SER AVIADOR.
CARLOS VAI PLANTAR BATATA,
JUCA QUER SER UM ATOR.

CAMILA GOSTA DE MÚSICA.
PATRÍCIA QUER DESENHAR.
UMA VAI PEGANDO O LÁPIS,
A OUTRA PÕE-SE A CANTAR.

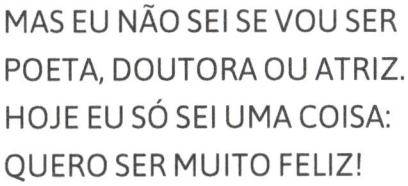

MAS EU NÃO SEI SE VOU SER
POETA, DOUTORA OU ATRIZ.
HOJE EU SÓ SEI UMA COISA:
QUERO SER MUITO FELIZ!

(Pedro Bandeira. *Por enquanto eu sou pequeno*. 2. ed. São Paulo: Moderna, 2002. p. 21.)

1 QUEM FALA NO POEMA? MARQUE:

☐ UM MENINO   ☐ UMA MENINA   ☐ UM ADULTO

2 O QUE, NO POEMA, PERMITE SABER SE QUEM FALA É UM MENINO, UMA MENINA OU UM ADULTO? RESPONDA ORALMENTE.

3 QUEM FALA NO POEMA ESTÁ EM DÚVIDA SE VAI SER:

☐ POETA   ☐ DOUTORA

☐ BAILARINA   ☐ ATRIZ

4 QUEM FALA NO POEMA TEM CERTEZA DE QUE QUER SER O QUÊ? ESCREVA:

[   ]

5 LIGUE O NOME DE CADA CRIANÇA À PROFISSÃO QUE ELA QUER TER:

BETE	ATOR
ZÉ	AGRICULTOR
CARLOS	DESENHISTA
JUCA	AVIADOR
CAMILA	BAILARINO
PATRÍCIA	MÚSICO

6 E VOCÊ? O QUE PRETENDE SER QUANDO CRESCER? RESPONDA ORALMENTE.

LEIA A HISTÓRIA EM QUADRINHOS A SEGUIR, COM A AJUDA DO PROFESSOR.

TEM QUE ESTUDAR MELHOR O PLANETA TERRA, SURIÁ!!

...COMO, FESSORA? ...ELE NÃO PARA DE GIRAR!!

(Laerte. *Suriá contra o dono do circo*. São Paulo: Devir, 2003. p. 8.)

7 SURIÁ É UMA MENINA DE CIRCO. O QUE ELA ESTÁ FAZENDO NO COMEÇO DA HISTÓRIA? ESCREVA:

8 OBSERVE O ÚLTIMO QUADRINHO.

A) EM QUE LUGAR SURIÁ ESTÁ? RESPONDA ORALMENTE.

B) COM QUEM ELA ESTÁ CONVERSANDO? RESPONDA ORALMENTE.

C) SURIÁ CHAMA DE "FESSORA" A PESSOA COM QUEM ELA ESTÁ CONVERSANDO. COMO É A PALAVRA COMPLETA? ESCREVA:

9 SURIÁ DIZ QUE O PLANETA TERRA NÃO PARA. O QUE ELA ENTENDE POR "PLANETA TERRA"? RESPONDA ORALMENTE.

LEIA O TEXTO A SEGUIR, COM O AUXÍLIO DO PROFESSOR.

PÉS

AS AVES QUE NADAM TÊM PÉS ESPALMADOS, QUE FUNCIONAM COMO REMOS, IMPULSIONANDO-AS PELA ÁGUA.

AS QUE SOBEM NOS TRONCOS DAS ÁRVORES TÊM UNHAS QUE AS AJUDAM A SE AGARRAR. ALGUMAS TÊM GARRAS AFIADAS, QUE USAM PARA PEGAR SUA PRESA.

(Janine Amos. *Os animais e a natureza*. São Paulo: FTD. 1997. p. 21.)

PÉS DE AVE NADADORA

PÉS DE AVE TREPADORA

10 QUAL É O ASSUNTO DO TEXTO? ESCREVA:

11 QUAL É A FINALIDADE DO TEXTO?

12 LIGUE AS COLUNAS:

AVES QUE NADAM   TÊM UNHAS QUE AS AJUDAM
                                  A SE AGARRAR

AVES QUE SOBEM   TÊM PÉS ESPALMADOS
EM TRONCOS

13 VOCÊ CONHECE AVES QUE NADAM OU AGARRAM PRESAS? DÊ EXEMPLOS, ORALMENTE.

LEIA A PARLENDA A SEGUIR, COM O AUXÍLIO DO PROFESSOR. DEPOIS, TENTE MEMORIZÁ-LA E FALE-A COM TODA A TURMA.

> MEIO-DIA,
> MACACO ASSOBIA,
> PANELA NO FOGO,
> BARRIGA VAZIA.
>
> MACACO TORRADO,
> QUE VEM DA BAHIA,
> FAZENDO CARETA,
> PRA DONA SOFIA.
>
> (Da tradição popular.)

14 COMO É O MACACO DA PARLENDA?

☐

15 O QUE A EXPRESSÃO **BARRIGA VAZIA** QUER DIZER SOBRE O MACACO?

☐ QUE ELE ACABOU DE COMER.   ☐ QUE ELE ESTÁ COM FOME.

LEIA A TIRA A SEGUIR, COM A AJUDA DO PROFESSOR.

(Fernando Gonsales. *Níquel Náusea — A vaca foi pro brejo atrás do carro na frente dos bois.* São Paulo: Devir, 2010. p. 30.)

16 A TIRA BASEIA-SE EM UM CONHECIDO CONTO MARAVILHOSO. ESCREVA O NOME DO CONTO:

[   ]

17 O QUE AS PALAVRAS **BLÉM BLÉM BLÉM** SUGEREM? RESPONDA ORALMENTE.

18 NO CONTO MARAVILHOSO, QUANDO O RELÓGIO BATE MEIA-NOITE, A CARRUAGEM VIRA ABÓBORA. NA TIRA, O QUE ACONTECE À MEIA-NOITE?

☐ O PRÍNCIPE DESEJA SORTE À PRINCESA.

☐ A CABEÇA DO PRÍNCIPE VIRA ABÓBORA.

COM O AUXÍLIO DO PROFESSOR, LEIA ESTE QUADRINHO:

(Nik. Gaturro. São Paulo, Cotia: Vergara e Riba, 2008. v. 1, p. 95.)

GATURRO É UM GATO APAIXONADO POR ÁGATA, UMA GATINHA QUE NÃO LIGA PARA ELE.

19 O QUE GATURRO ESTÁ DESENHANDO NA PAREDE? ESCREVA:

[ ]

20 DE QUEM É A FIGURA DESENHADA NO CENTRO DA PAREDE? ESCREVA:

[ ]

21 O QUE SIGNIFICA O CORAÇÃO VERMELHO ACIMA DA CABEÇA DE GATURRO? RESPONDA ORALMENTE.

22 O QUE GATURRO QUER MOSTRAR COM O DESENHO NA PAREDE? RESPONDA ORALMENTE.

23 QUE PALAVRAS GATURRO ESCREVEU PARA REFORÇAR O QUE ELE QUER MOSTRAR?

[ ]

24 O QUE AS PALAVRAS **TUC TUC** SUGEREM? MARQUE:

☐ DEDO NA BOCHECHA

☐ BATIDA NA PORTA

25 ÁGATA DIZ QUE JÁ ENTENDEU A "INDIRETA" DE GATURRO. RESPONDA ORALMENTE:

A) O QUE ELA QUER DIZER COM A PALAVRA **INDIRETA**?

B) O QUE VOCÊ ACHA: GATURRO ESTÁ SENDO DIRETO OU INDIRETO AO EXPRESSAR SEU AMOR POR ÁGATA? POR QUÊ?

LEIA O GRÁFICO A SEGUIR, COM A AJUDA DO PROFESSOR.

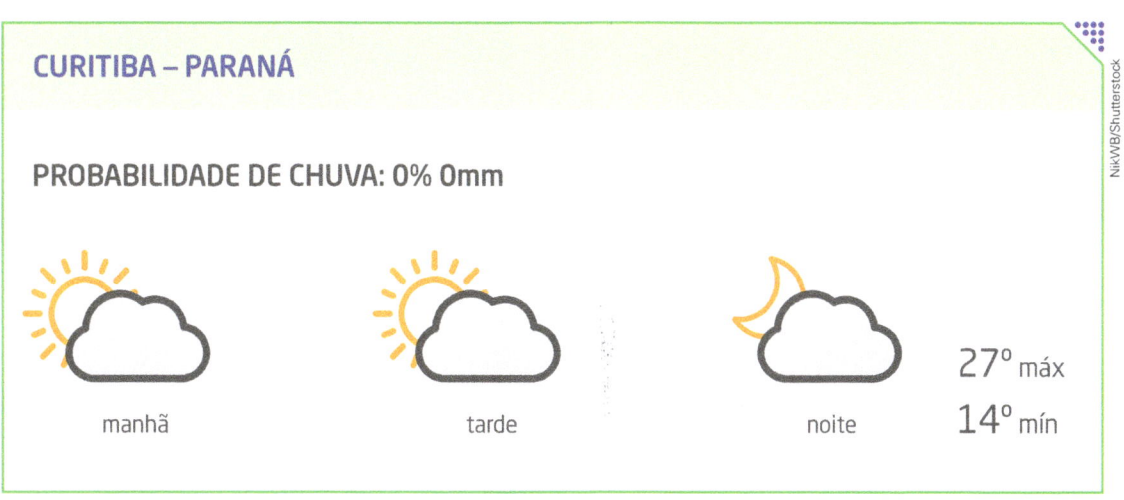

CURITIBA – PARANÁ

PROBABILIDADE DE CHUVA: 0% 0mm

manhã   tarde   noite   27° máx   14° mín

26 A PREVISÃO DO TEMPO É PARA QUAL CIDADE? ESCREVA:

27 PARA QUAL PERÍODO DO DIA? ESCREVA:

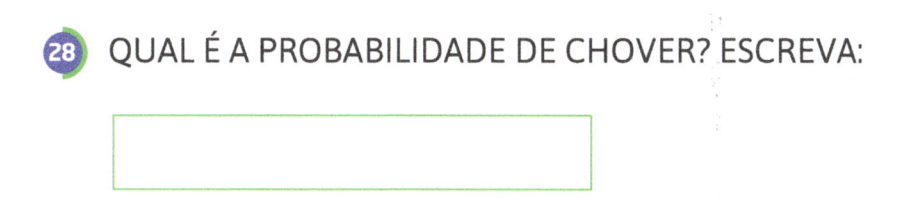

28 QUAL É A PROBABILIDADE DE CHOVER? ESCREVA:

29 QUAL VAI SER A TEMPERATURA MÁXIMA PARA O DIA? ESCREVA O NÚMERO:

30 E QUAL VAI SER A TEMPERATURA MÍNIMA PARA O DIA? ESCREVA O NÚMERO:

31 QUAL É A FINALIDADE DO TEXTO? RESPONDA ORALMENTE.

CAPÍTULO 5

O SABOR DA AMIZADE

VOCÊ TEM AMIGOS? ALGUMA VEZ UM AMIGO SEU VIAJOU PARA LONGE? O QUE VOCÊ SENTIU? VOCÊ GOSTA DE COMEMORAR O DIA DAS CRIANÇAS SOZINHO(A) OU COM SEUS AMIGOS?

TEXTO 1

LEIA ESTE CONVITE, COM O AUXÍLIO DO PROFESSOR.

Dia das Crianças
12.out • 9h às 12h
Centro Social Urbano (CSU)

Brinquedos • Doces • Algodão-doce
Cachorro-quente • Picolé • Pipoca
Saquinho-surpresa • Brincadeiras

Para mais informações, ligue:
(14) 3522-1889

PREFEITURA DE LINS
SECRETARIA DE ESPORTE E LAZER

(Disponível em: www.lins.sp.gov.br/portal/noticias/0/3/6742/prefeitura-de-lins-realizara-nesta-sexta-feira-a-manha-de-recreacao-em-comemoracao-ao-dia-das-criancas. Acesso em: 3/9/2019.)

AGORA, RESPONDA ORALMENTE ÀS QUESTÕES 1 E 2.

1 O QUE SE COMEMORA NO DIA 12 DE OUTUBRO?

2 QUEM FAZ O CONVITE?

3 PARA QUEM, PRINCIPALMENTE, É O CONVITE? ESCREVA:

☐

4 ONDE O EVENTO VAI OCORRER? RESPONDA ORALMENTE.

5 EM QUAL HORÁRIO? ESCREVA.

☐

6 O QUE TEM PARA COMER NA FESTA? MARQUE:

☐ ALGODÃO-DOCE   ☐ PICOLÉ
☐ CACHORRO-QUENTE   ☐ PIPOCA
☐ BOLA   ☐ DOCES
☐ SUCO   ☐ PULA-PULA

7 POR QUE, NO CONVITE, HÁ UM NÚMERO DE TELEFONE? RESPONDA ORALMENTE.

8 VOCÊ COMEMOROU O DIA DAS CRIANÇAS? SE SIM, CONTE COMO FOI.

TEXTO 2

LEIA A PARLENDA, COM O AUXÍLIO DO PROFESSOR.

BRINCAR DE BOLA

— MARIA VIOLA,
QUEM TÁ COM A BOLA?
— LÁ VAI A BOLA
GIRAR NA RODA.
PASSAR DEPRESSA
E SEM DEMORA.
E SE, NO FIM
DESSA CANÇÃO,
VOCÊ ESTIVER
COM A BOLA NA MÃO,
BEM DEPRESSA
PULE FORA.

(Da tradição popular.)

1 QUAL É A BRINCADEIRA DAS CRIANÇAS NA PARLENDA? ESCREVA:

2 EXPLIQUE ORALMENTE COMO SE BRINCA.

3 VOCÊ CONHECE ESSA BRINCADEIRA? JÁ BRINCOU COM SEUS AMIGOS? SE SIM, CONTE COMO FOI.

TEXTO 3

LEIA O POEMA, COM O AUXÍLIO DO PROFESSOR E DOS COLEGAS:

O MEU AMIGO

CADÊ O PATO?
FUGIU NO MATO.
CADÊ A MALA?
ESTÁ NA ESCOLA.
CADÊ A BALA?
SUMIU NA SALA.
CADÊ O GATO?
ESTÁ NO SAPATO.
CADÊ A BOLA?
ESTÁ NA SACOLA.
CADÊ MEU AMIGO, QUE BRINCA COMIGO?
SE TEM UM PERIGO, VEM LOGO ESSE AMIGO PRA ME AJUDAR.
COM ELE EU CONSIGO RIR E BRINCAR.
SE ELE NÃO VOLTA, EU POSSO CHORAR...
O AMIGO FOI LONGE, MAS ELE JÁ VEM CORRENDO, APRESSADO,
DE BARCO E DE TREM.
POIS QUE VENHA LOGO, É BOM SE APRESSAR.
AI, SE ELE NÃO VOLTA, EU POSSO CHORAR...

(Pedro Bandeira. *Mais respeito, eu sou criança.* São Paulo: Moderna, 2002. p. 51.)

1 QUAL PARLENDA OS PRIMEIROS VERSOS DO POEMA LEMBRAM? MARQUE:

☐ CADÊ O TOUCINHO QUE ESTAVA AQUI?
O GATO COMEU!
CADÊ O GATO?
FOI PRO MATO.
CADÊ O MATO?
O FOGO QUEIMOU.[...]

(Da tradição popular.)

☐ UM, DOIS
FEIJÃO COM ARROZ
TRÊS, QUATRO
FEIJÃO NO PRATO
[...]

(Da tradição popular.)

2 RESPONDA ORALMENTE:

A) QUEM FALA NO POEMA É UM ADULTO OU UMA CRIANÇA?

B) ONDE ESTÁ O AMIGO DE QUEM FALA NO POEMA?

C) COMO É ESSE AMIGO?

3 RESPONDA ORALMENTE:

A) POR QUE A BOLA ESTÁ NA SACOLA?

B) COMO O AMIGO PODERÁ VOLTAR?

C) O QUE VAI ACONTECER SE O AMIGO NÃO VOLTAR?

4 DESENHE O SEU MELHOR AMIGO E ESCREVA O NOME DELE:

VAMOS DECLAMAR?

COM A ORIENTAÇÃO DO PROFESSOR, DECLAME COM A CLASSE UMA PARTE DO POEMA "O MEU AMIGO". SE QUISEREM, PODERÃO FAZER UM JOGRAL: UMA PARTE DA CLASSE LÊ ALGUNS VERSOS, E A OUTRA PARTE LÊ OS OUTROS VERSOS.

EXERCÍCIOS

LEIA O TRAVA-LÍNGUA A SEGUIR, COM A AJUDA DO PROFESSOR.

O SAPO SALTOU NA SOPA
DE UM SUJEITO QUE, SEM MAIS PAPO,
DEU-LHE UM SOPAPO E GRITOU: — OPA!
NÃO TOMO SOPA DE SAPO!

(José Paulo Paes. *Uma letra puxa a outra*. São Paulo: Companhia das Letrinhas, 1992.)

1 EM QUE LUGAR O SAPO CAIU?

2 O QUE O SUJEITO FEZ COM O SAPO?

3 O SUJEITO TOMOU A SOPA? POR QUÊ? RESPONDA ORALMENTE.

OBSERVE ATENTAMENTE ESTA PINTURA, DE CANDIDO PORTINARI:

▶ *MENINOS BRINCANDO* (1955).

4 QUAIS SÃO OS PERSONAGENS DA PINTURA? ESCREVA:

5 ONDE OS PERSONAGENS PROVAVELMENTE ESTÃO? ESCREVA:

6 O QUE ELES ESTÃO FAZENDO? ESCREVA:

7 A QUEM PROVAVELMENTE PERTENCE O ANIMAL? ESCREVA:

8 AS CORES DA PINTURA INDICAM QUE A CENA ACONTECE DE DIA OU DE NOITE? ESCREVA:

9 O QUE AS CRIANÇAS ESTÃO FAZENDO? MARQUE:

☐ NADANDO ☐ BRIGANDO ☐ JOGANDO CAPOEIRA

10 OBSERVE AS CRIANÇAS DA PINTURA.

A) QUE IDADE VOCÊ ACHA QUE ELAS TÊM? ESCREVA:

B) OS MENINOS SÃO IRMÃOS OU SÃO AMIGOS? POR QUÊ? RESPONDA ORALMENTE.

11 COM QUEM VOCÊ COSTUMA BRINCAR: COM IRMÃOS OU COM AMIGOS? QUAIS SÃO AS BRINCADEIRAS DE QUE VOCÊS GOSTAM MAIS? CONTE PARA A CLASSE.

LEIA ESTA HISTÓRIA EM QUADRINHOS, DE ZIRALDO:

(*Curta o Menino Maluquinho*. São Paulo: Globo, 2006. p. 6.)

12 JUNIM É UM MENINO QUE ADORA COLECIONAR COISAS. LIGUE OS NOMES AOS OBJETOS QUE ELE COLECIONA:

SELOS

CORUJINHAS

SOLDADINHOS

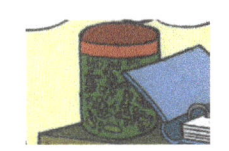

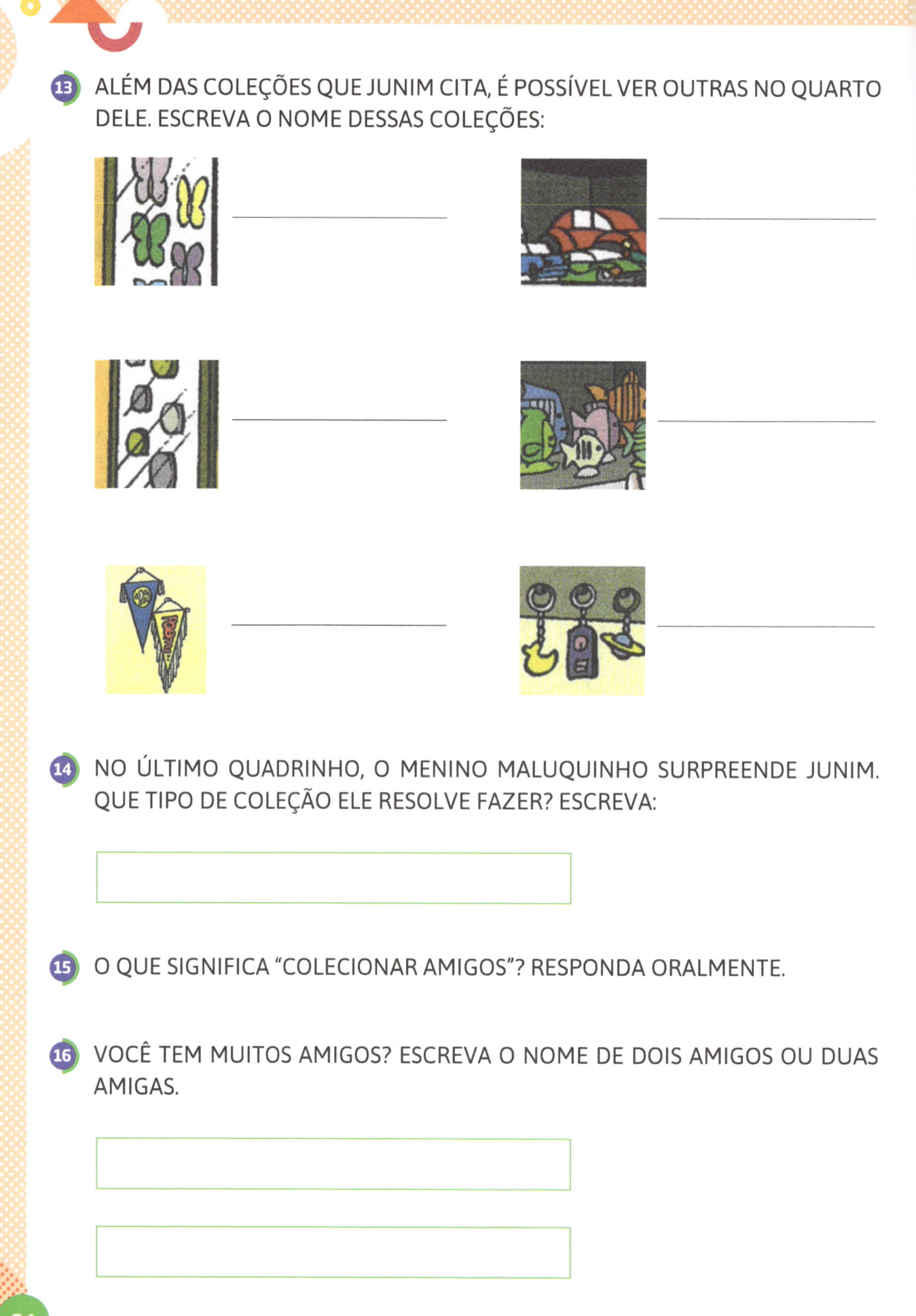

13 ALÉM DAS COLEÇÕES QUE JUNIM CITA, É POSSÍVEL VER OUTRAS NO QUARTO DELE. ESCREVA O NOME DESSAS COLEÇÕES:

_____   _____

_____   _____

_____   _____

14 NO ÚLTIMO QUADRINHO, O MENINO MALUQUINHO SURPREENDE JUNIM. QUE TIPO DE COLEÇÃO ELE RESOLVE FAZER? ESCREVA:

15 O QUE SIGNIFICA "COLECIONAR AMIGOS"? RESPONDA ORALMENTE.

16 VOCÊ TEM MUITOS AMIGOS? ESCREVA O NOME DE DOIS AMIGOS OU DUAS AMIGAS.

LEIA O TEXTO, COM O AUXÍLIO DO PROFESSOR:

CAÇANDO COM A REDE

AS ARANHAS QUE FAZEM TEIAS PENDURAM FIOS DE SEDA PEGAJOSOS EM ARBUSTOS, ÁRVORES OU SEBES. ELAS VÃO ACRESCENTANDO FIOS E MAIS FIOS ATÉ FORMAR UMA TEIA. OS INSETOS CAEM NA TEIA E, ENTÃO, A ARANHA ATACA SEU PRISIONEIRO.

(Janine Amos. *Os animais e a natureza.* São Paulo: FTD, 1997. p. 16.)

17 QUAL É O ASSUNTO DO TEXTO? ESCREVA:

18 QUAL É A FINALIDADE DO TEXTO? MARQUE:

☐ ALERTAR AS PESSOAS SOBRE O PERIGO REPRESENTADO PELAS ARANHAS.

☐ INFORMAR COMO AS ARANHAS SE ALIMENTAM.

19 COM O QUE AS ARANHAS FAZEM TEIAS? ESCREVA:

20 PARA QUE AS TEIAS DAS ARANHAS SERVEM?

OBSERVE A CAPA DESTE LIVRO:

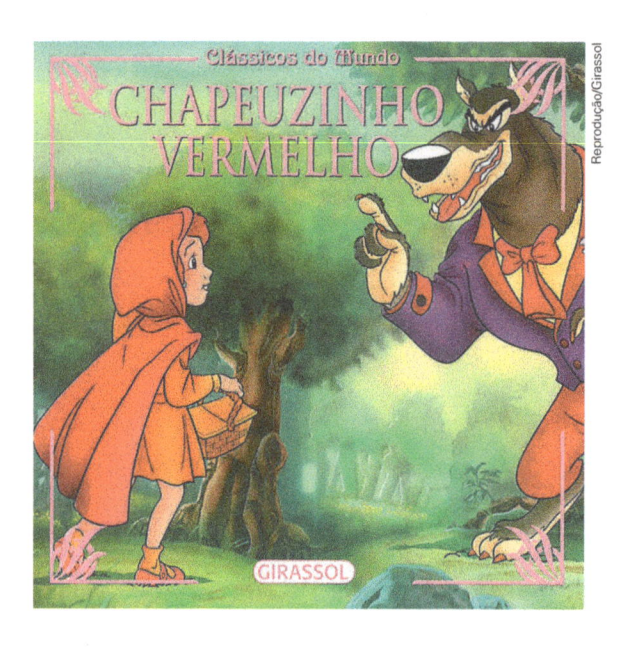

21 QUAL É O NOME DESSE CONTO MARAVILHOSO?

22 QUEM SÃO OS PERSONAGENS DA CAPA?

23 ONDE ELES ESTÃO? ESCREVA:

24 QUAL É O NOME DA EDITORA QUE PUBLICOU O LIVRO? ESCREVA:

25 QUAL É O NOME DA COLEÇÃO DE QUE ESSE LIVRO FAZ PARTE? ESCREVA:

26 VOCÊ GOSTA DE CONTOS MARAVILHOSOS? CONHECE OUTROS? SE SIM, CONTE PARA OS COLEGAS QUAIS SÃO.

LEIA O TEXTO, COM O AUXÍLIO DO PROFESSOR.

RESERVADO PARA DEFICIENTES E IDOSOS

(Disponível em: www.radiosanca.com.br/2019/01/14/cartao-de-estacionamento-do-idoso-e-pne-portadores-de-necessidades-especiais-garanta-seus-direitos/. Acesso em: 3/9/2019.)

27 QUEM OS DOIS SINAIS DO TEXTO REPRESENTAM? ESCREVA:

28 ONDE VOCÊ JÁ VIU SINAIS COMO ESSES? RESPONDA ORALMENTE.

29 A PALAVRA **RESERVADO** QUER DIZER:

☐ TODOS PODEM USAR.

☐ APENAS DEFICIENTES E IDOSOS PODEM USAR.

30 POR QUE DEVEMOS RESPEITAR ESSAS PLACAS? RESPONDA ORALMENTE.

CAPÍTULO 6

SAÚDE

VOCÊ PROCURA TER UMA VIDA SAUDÁVEL? FAZ ESPORTES? COMO É SUA ALIMENTAÇÃO? SEU PRATO TEM ALIMENTOS COLORIDOS? VOCÊ BEBE BASTANTE ÁGUA DURANTE O DIA?

TEXTO 1

LEIA O ANÚNCIO PUBLICITÁRIO A SEGUIR, COM A AJUDA DO PROFESSOR.

(Disponível em: https://www.ceara.gov.br/2019/04/05/ter-uma-refeicao-equilibrada-previne-doencas/. Acesso em: 3/9/2019.)

1 VOCÊ NOTOU COMO ESSA REFEIÇÃO É COLORIDA? OBSERVE O GRÁFICO DE CORES E RESPONDA ORALMENTE.

A) O QUE DEVEMOS COMER MAIS NAS REFEIÇÕES?

B) O QUE DEVEMOS COMER MENOS?

C) O QUE DEVEMOS COMER COM MODERAÇÃO?

2 ESCREVA:

A) QUEM FEZ O ANÚNCIO?

B) PARA QUEM É DIRECIONADO O ANÚNCIO?

C) QUAL É A FINALIDADE DO TEXTO? RESPONDA ORALMENTE.

TEXTO 2

LEIA O TEXTO DE CAMPANHA, COM O AUXÍLIO DO PROFESSOR.

CAMPANHA DE VACINAÇÃO
SARAMPO
30 DE NOVEMBRO
SÁBADO

TODAS AS CRIANÇAS COM IDADE DE 6 MESES A MENORES DE 5 ANOS DEVEM SER VACINADAS. LEVE SEU FILHO EM UM POSTO DE VACINAÇÃO NO HORÁRIO DAS 8H ÀS 17H.
NÃO ESQUEÇA O CARTÃO DE VACINAÇÃO

Reprodução/Ministério da Saúde

(Disponível em: http://portal.saude.pe.gov.br/noticias/vacinacao-pe-em-alerta-contra-o-sarampo. Acesso em: 3/9/2019.)

1 QUE TIPO DE CAMPANHA É ESSA?

2 QUANDO ELA VAI ACONTECER? ESCREVA:

3 EM QUAL DIA DA SEMANA? ESCREVA:

4 EM QUAL HORÁRIO? ESCREVA:

5 RESPONDA ORALMENTE:

A) A CAMPANHA SE DIRIGE A QUEM?

B) POR QUE NÃO SE PODE ESQUECER DE LEVAR O CARTÃO DE VACINAÇÃO?

TEXTO 3

LEIA O CARTAZ ABAIXO, COM O AUXÍLIO DO PROFESSOR.

FESTIVAL INCENTIVO SESC

PRATIQUE ESPORTES E VALORIZE SUA SAÚDE!

Festival de Judô
26/05 - sábado, das 8h às 17h

Inscrições
R$ 10,00

Categorias:
Judokinha: 08 anos - Infantil: 09 e 10 anos - Infanto juvenil: 11 e 12 anos
Pré-Juvenil: 13 e 14 anos - Juvenil: 15 e 16 anos

Cama elástica, Tribogá, Tênis de mesa e
Entrega de Medalhas de participação e 01 Kit Lanche.

SESC DOURADOS
Rua Toshinobu Katayama, 178 - Centro - Fone: 3410 0700
www.sescms.com.br

SESC
MATO GROSSO DO SUL

(Disponível em: www.gazetams.com.br/noticias/inscricoes-abertas/festival-incentivo-sesc-de-judo-inscricoes-abertas. Acesso em: 3/9/2019.)

1. QUEM PROMOVE O FESTIVAL DE ESPORTE E INCENTIVO À SAÚDE?

   ☐

2. QUAIS SÃO AS MODALIDADES ESPORTIVAS QUE APARECEM NO DESENHO DO CARTAZ? MARQUE COM UM X.

   ☐ NATAÇÃO   ☐ BASQUETE

   ☐ CICLISMO   ☐ FUTEBOL

   ☐ VÔLEI   ☐ JUDÔ

3. PARA QUAL DESSAS MODALIDADES É A INSCRIÇÃO? ESCREVA:

   ☐

4. QUANTO CUSTA PARA SE INSCREVER? ESCREVA:

   ☐

5. RELEIA ESTA PARTE DO CARTAZ, COM A AJUDA DO PROFESSOR:

   Categorias:
   Judokinha: 08 anos - Infantil: 09 e 10 anos - InfantoJuvenil: 11 e 12 anos
   Pré-Juvenil: 13 e 14 anos - Juvenil: 15 e 16 anos

   SE VOCÊ FOSSE SE INSCREVER, EM QUAL CATEGORIA ENTRARIA? RESPONDA ORALMENTE.

EXERCÍCIOS

NA SUA SALA DE AULA, VOCÊS JÁ COMBINARAM ALGUMAS REGRAS DE CONVIVÊNCIA? LEIA O TEXTO, COM A AJUDA DO PROFESSOR OU DE OUTRO ADULTO.

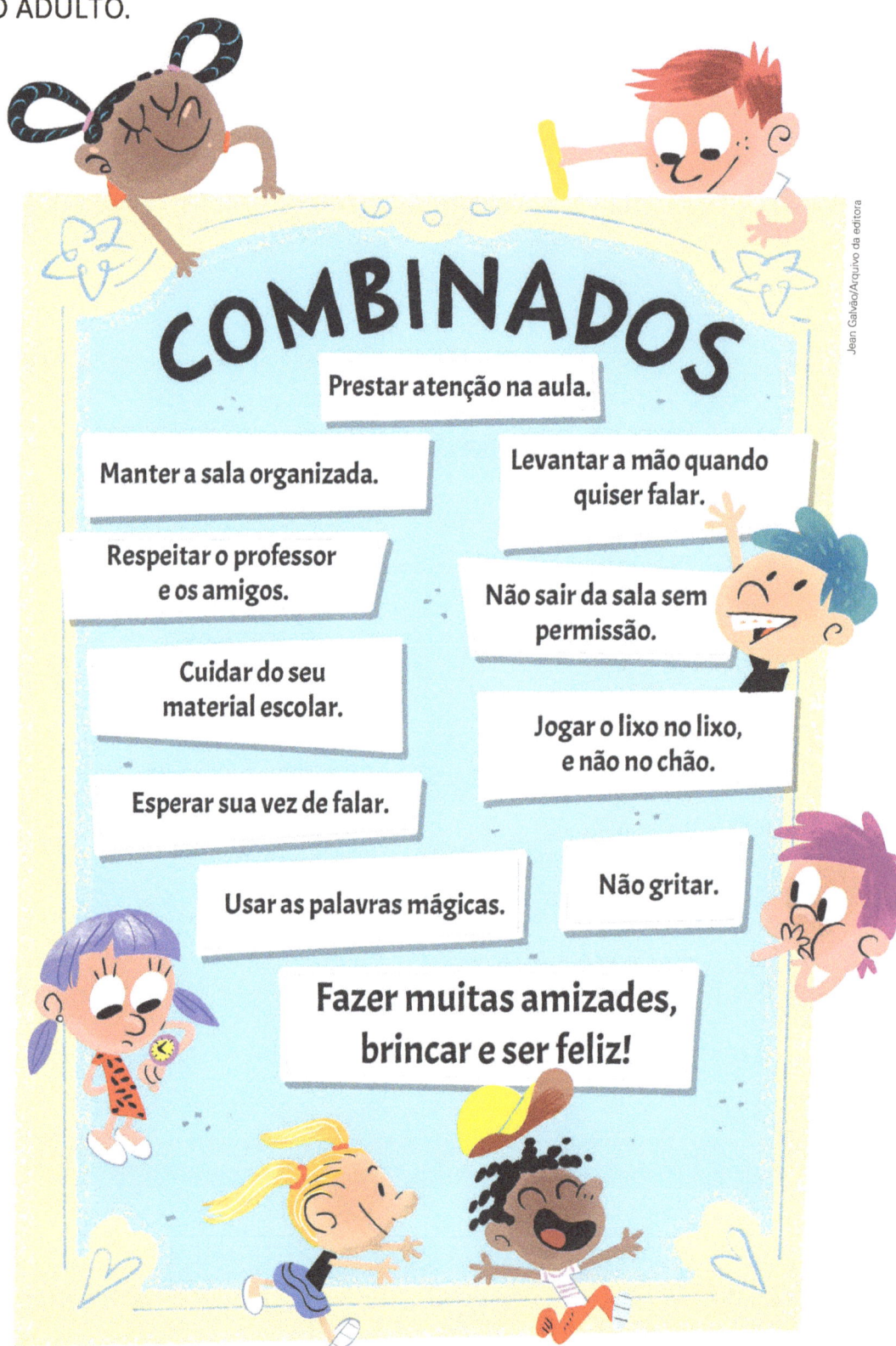

COMBINADOS

- Prestar atenção na aula.
- Manter a sala organizada.
- Levantar a mão quando quiser falar.
- Respeitar o professor e os amigos.
- Não sair da sala sem permissão.
- Cuidar do seu material escolar.
- Jogar o lixo no lixo, e não no chão.
- Esperar sua vez de falar.
- Usar as palavras mágicas.
- Não gritar.
- Fazer muitas amizades, brincar e ser feliz!

1) O QUE SÃO OS COMBINADOS? ESCREVA:

_____

2) QUAIS DELES TAMBÉM EXISTEM NA SUA SALA DE AULA? RESPONDA ORALMENTE.

3) QUAIS SÃO AS PALAVRAS MÁGICAS? ESCREVA:

[   ]

4) VOCÊ ACHA IMPORTANTE RESPEITAR OS "COMBINADOS"? ORALMENTE, EXPLIQUE POR QUÊ.

LEIA O CARTUM:

(Mordillo. *Mordillo para Hinchas*. Barcelona: Glénat, 1997.)

RESPONDA ORALMENTE ÀS QUESTÕES 5 E 6.

5 O QUE O TEXTO MOSTRA?

6 COMO O JOGADOR DE CAMISA VERDE SE SAI NOS QUATRO PRIMEIROS QUADRINHOS? JUSTIFIQUE A SUA RESPOSTA.

7 O QUE O JOGADOR PRETENDIA FAZER? ESCREVA:

8 POR QUE O ÚLTIMO QUADRINHO SURPREENDE? RESPONDA ORALMENTE.

9 VOCÊ GOSTA DE ESPORTES? SE SIM, CONTE PARA OS COLEGAS QUAL É O SEU ESPORTE PREFERIDO. DEPOIS, ESCREVA O NOME DELE.

10 DESENHE O SEU ESPORTE PREFERIDO:

LEIA A HISTÓRIA EM QUADRINHOS A SEGUIR, COM A AJUDA DO PROFESSOR.

EU PRATICO TODOS OS ESPORTES...

FUTEBOL

BASQUETE

NATAÇÃO

VÔLEI

EQUITAÇÃO

CICLISMO

RÚGBI

ESQUI

GINÁSTICA OLÍMPICA

NÃO NÃO NÃO NÃO NÃO NÃO NÃO NÃO

E OBSTÁCULO

(Nik. *Gaturro a lo grande*. Buenos Aires: Catapulta Children Entertainment, 2009. p. 75. Tradução dos autores.)

11 QUANTOS ESPORTES VOCÊ VÊ O GATO GATURRO PRATICANDO NA HISTÓRIA? ESCREVA O NÚMERO:

12 POR QUE GATURRO MOSTRA SER UM BOM ATLETA?

13 ÁGATA FICA IMPRESSIONADA COM GATURRO POR CAUSA DISSO?

14 GATURRO É APAIXONADO POR ÁGATA, MAS ELA NÃO LIGA PARA ELE. NO ÚLTIMO QUADRINHO, GATURRO AFIRMA QUE PRATICA MAIS UM ESPORTE: OBSTÁCULO. RESPONDA ORALMENTE:

A) O TEXTO MOSTRA GATURRO PULANDO UM OBSTÁCULO?

B) QUAL É O VERDADEIRO OBSTÁCULO QUE GATURRO NUNCA CONSEGUE ULTRAPASSAR? POR QUÊ?

LEIA O TEXTO:

Calendário 2020

JANEIRO
FEVEREIRO
MARÇO
ABRIL
MAIO
JUNHO
JULHO
AGOSTO
SETEMBRO
OUTUBRO
NOVEMBRO
DEZEMBRO

1 17
2 18
3 19
4 20
5 21
6 22
7 23
8 24
9 25
10 26
11 27
12 28
13 29
14 30
15 31
16

DOMINGO
SEGUNDA-FEIRA
TERÇA-FEIRA
QUARTA-FEIRA
QUINTA-FEIRA
SEXTA-FEIRA
SÁBADO

Jean Galvão/Arquivo da editora

15 ESSE CALENDÁRIO É DE QUE ANO? ESCREVA O NÚMERO:

16 ELE ESTÁ MARCANDO QUAL DIA E QUAL MÊS? ESCREVA:

17 QUAL DIA DA SEMANA ELE ESTÁ MARCANDO? ESCREVA:

18 COMO ESTÁ O TEMPO? FAZ SOL, CHOVE OU O CÉU ESTÁ NUBLADO? RESPONDA ORALMENTE.

LEIA ESTE TEXTO:

(Mauricio de Sousa. *Ecologia e Meio Ambiente*. São Paulo: Panini, 2011. p. 9.)

19 QUEM SÃO OS PERSONAGENS QUE APARECEM NA CENA? ESCREVA:

20 NA CENA, HÁ UM GRUPO MUSICAL. O QUE CADA INTEGRANTE ESTÁ FAZENDO? ESCREVA:

CEBOLINHA

CASCÃO

MÔNICA

21 FRANJINHA ESTÁ FAZENDO UMA ENTREVISTA. QUEM É O ENTREVISTADO?

LEIA O POEMA A SEGUIR, COM A AJUDA DO PROFESSOR:

QUINCAS MALUQUINHO

ESTE É O QUINCAS,
AI QUE LEVADO!
FEITO MACACO,
ENDIABRADO!

SOLTA GALINHA
DO GALINHEIRO.
SOBE NO MURO
O DIA INTEIRO.

LÁ NO COQUEIRO,
CATA COQUINHO.
AI QUE MOLEQUE
MAIS MALUQUINHO!

(Pedro Bandeira. *Por enquanto eu sou pequeno.* São Paulo: Moderna, 2002. p. 23.)

22 COMO SE CHAMA O MENINO DO QUAL O POEMA FALA? ESCREVA:

23 QUINCAS É COMPARADO A UM BICHO. QUAL BICHO? ESCREVA:

24 LIGUE AS COLUNAS:

SOLTA GALINHA   O DIA INTEIRO

SOBE NO MURO   LÁ NO COQUEIRO

CATA COQUINHO   DO GALINHEIRO

25 POR QUE O MENINO É CHAMADO DE "MALUQUINHO"? ESCREVA:

LEIA A MANCHETE DE UMA NOTÍCIA, COM A AJUDA DO PROFESSOR OU DE OUTRO ADULTO.

INCENTIVO DOS PAIS É IMPORTANTE PARA A CRIANÇA GOSTAR DE PRATICAR ESPORTES

(Disponível em: http://g1.globo.com/bemestar/noticia/2013/06/incentivo-dos-pais-e-importante-para-crianca-gostar-de-praticar-esportes.html. Acesso em: 3/9/2019.)

RESPONDA ORALMENTE:

26 QUAL É O TEMA DA MANCHETE?

27 ONDE A MANCHETE FOI PUBLICADA?

28 A QUEM ELA SE DESTINA?

29 COM QUE FINALIDADE O JORNAL PUBLICOU ESSA NOTÍCIA?

CAPÍTULO 7

MUNDO ANIMAL

VOCÊ TEM ALGUM BICHO DE ESTIMAÇÃO? TEM VONTADE DE TER UM ANIMAL DIFERENTE OU EXÓTICO? OU PREFERE ANIMAIS DOMÉSTICOS, COMO GATO E CACHORRO?

TEXTO 1

LEIA, COM A AJUDA DO PROFESSOR, CURIOSIDADES SOBRE ANIMAIS DE ESTIMAÇÃO EXÓTICOS:

FURÃO

DE APARÊNCIA PECULIAR, COM CORPO MAGRO E ALONGADO, O FURÃO (OU FERRET) É UM ANIMAL DÓCIL QUE GOSTA DA COMPANHIA DOS DONOS. SÃO MAIS ATIVOS À NOITE E PASSAM BOA PARTE DO DIA DORMINDO. A GAIOLA DEVE TER TAMANHO APROPRIADO, COM BRINQUEDOS E REDE PARA O PET DORMIR.

Nikolai Tsvetkov/Shutterstock

IGUANA

underworld/Shutterstock

RÉPTIL QUE VIVE PRINCIPALMENTE EM ÁREAS FLORESTAIS, SOBRE OS GALHOS DAS ÁRVORES EM CATIVEIRO, É NECESSÁRIO REPRODUZIR MINIMAMENTE SEU HABITAT, COM UM TERRÁRIO DE TAMANHO ADEQUADO E GALHOS PARA QUE O ANIMAL SUBA. A IGUANA PODE ATINGIR QUASE DOIS METROS DE COMPRIMENTO QUANDO ADULTA, PORTANTO É PRECISO TER ESPAÇO SUFICIENTE EM CASA E APTIDÃO PARA CUIDAR DE UM PET DESTE PORTE.

(Disponível em: http://patrocinados.estadao.com.br/portal-animal/2016/01/07/10-animais-exoticos-que-podem-ser-pets/. Acesso em: 11/9/2019.)

SOBRE O FURÃO, RESPONDA ÀS QUESTÕES 1 A 3.

1 É UM ANIMAL AGRESSIVO OU DÓCIL? ESCREVA:

2 ELE DORME MAIS DE DIA OU DE NOITE? ESCREVA:

3 COMO DEVE SER SUA GAIOLA? RESPONDA ORALMENTE.

SOBRE A IGUANA, RESPONDA ÀS QUESTÕES 4 A 7.

4 ONDE VIVE A IGUANA? ESCREVA:

5 QUE TAMANHO ELA PODE ATINGIR? ESCREVA:

6 SE A IGUANA ESTIVER EM CATIVEIRO, COMO ESSE LUGAR DEVE SER? RESPONDA ORALMENTE.

7 VOCÊ GOSTARIA DE TER COMO ANIMAL DE ESTIMAÇÃO UMA IGUANA, UM FURÃO OU OUTRO BICHO EXÓTICO? POR QUE? RESPONDA ORALMENTE.

TEXTO 2

LEIA A PESQUISA A SEGUIR, COM A AJUDA DO PROFESSOR.

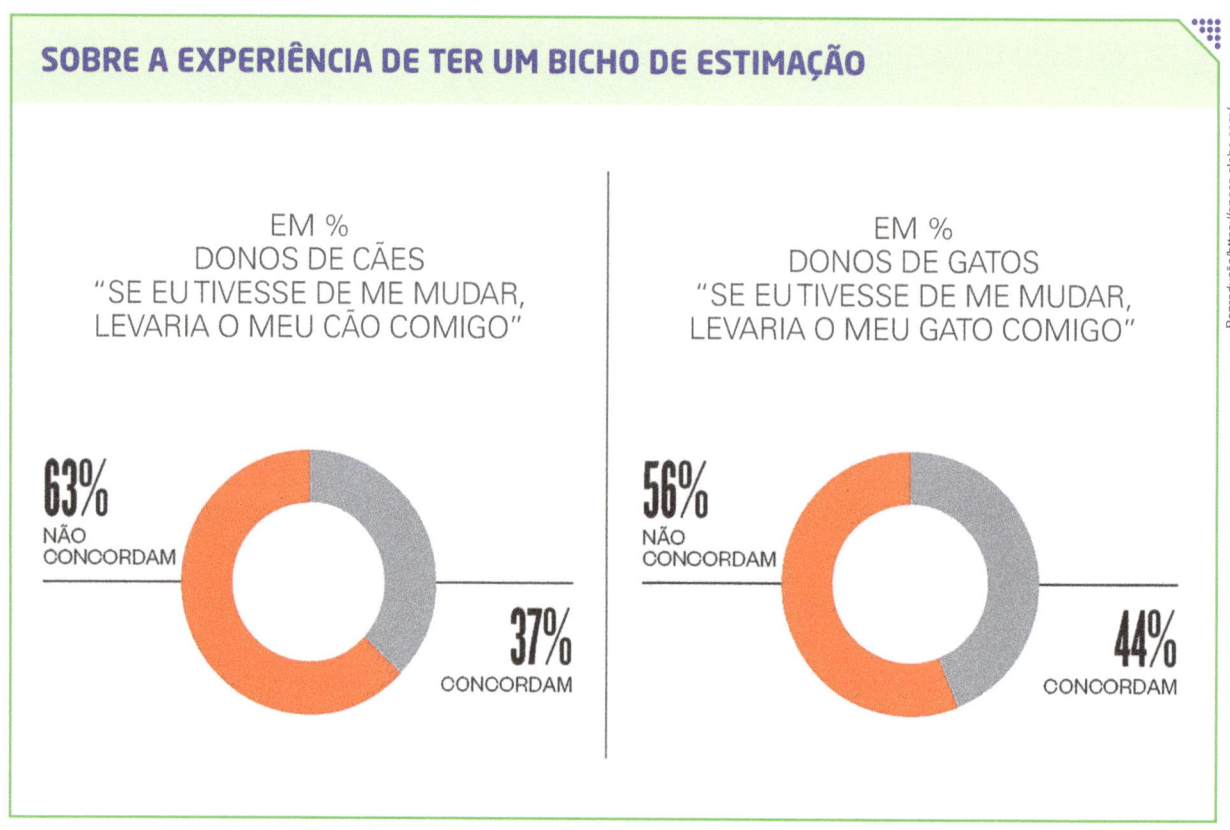

SOBRE A EXPERIÊNCIA DE TER UM BICHO DE ESTIMAÇÃO

EM %
DONOS DE CÃES
"SE EU TIVESSE DE ME MUDAR, LEVARIA O MEU CÃO COMIGO"

63% NÃO CONCORDAM

37% CONCORDAM

EM %
DONOS DE GATOS
"SE EU TIVESSE DE ME MUDAR, LEVARIA O MEU GATO COMIGO"

56% NÃO CONCORDAM

44% CONCORDAM

(Disponível em: https://epoca.globo.com/vida/noticia/2016/06/3-comportamentos-pessimos-que-levam-ao-abandono-de-animais-segundo-o-ibope.html. Acesso em: 11/9/2019.)

SOBRE A MUDANÇA DO DONO DO ANIMAL, RESPONDA ÀS QUESTÕES 1 A 3.

1 QUAL É A PORCENTAGEM DE DONOS DE CACHORRO QUE LEVARIAM O ANIMAL DE ESTIMAÇÃO COM ELES? ESCREVA O NÚMERO:

2 QUAL É A PORCENTAGEM DE DONOS DE GATO QUE LEVARIAM O ANIMAL DE ESTIMAÇÃO COM ELES? ESCREVA O NÚMERO:

3 SEGUNDO A PESQUISA, QUEM SOFRE MAIS COM O ABANDONO DOS DONOS, NESSA SITUAÇÃO, É O CACHORRO OU O GATO? ESCREVA:

TEXTO 3

COM O AUXÍLIO DO PROFESSOR, LEIA ESTA CURIOSIDADE SOBRE GATOS:

▶ GATO DA RAÇA SPHUNX.

▶ GATO DA RAÇA ABISSÍNIA.

ACREDITA-SE QUE NO BRASIL EXISTAM EM TORNO DE 11 MILHÕES DE GATOS. HÁ CERCA DE 50 RAÇAS DE GATOS NO MUNDO E 20 DELAS SÃO CRIADAS NO BRASIL. A RAÇA DE GATO MAIS COMUM É A PERSA. A MAIS RARA É A SPHYNX, ÚNICA CUJOS BICHOS SÃO PELADOS. NA VERDADE, ELES TÊM UMA PENUGEM, MAS QUASE NÃO SE PERCEBE. O PERSA MIA MUITO POUCO, E JUSTAMENTE POR ISSO É O PREFERIDO DE MUITAS PESSOAS. O ABISSÍNIO, QUE ESTÁ ENTRE AS RAÇAS MAIS ANTIGAS, SURGIU EM 1868, NA ABISSÍNIA (ATUAL ETIÓPIA). O BENGAL É FRUTO DO CRUZAMENTO DE GATOS DOMÉSTICOS COM O GATO LEOPARDO ASIÁTICO.

(Disponível em: http://guiadoscuriosos.uol.com.br/gatos/10-curiosidades-sobre-gatos/. Acesso em: 11/9/2019.)

1) SEGUNDO O TEXTO, QUANTAS RAÇAS DE GATOS EXISTEM NO MUNDO? ESCREVA O NÚMERO:

2) QUANTAS RAÇAS SÃO CRIADAS NO BRASIL? ESCREVA O NÚMERO:

3) QUAL É A RAÇA DE GATO MAIS COMUM?

4) QUE RAÇA SURGIU NA ABISSÍNIA, A ATUAL ETIÓPIA?

5) QUE RAÇA SURGIU DO CRUZAMENTO DO GATO DOMÉSTICO COM O GATO LEOPARDO ASIÁTICO?

6) VOCÊ GOSTA DE GATOS? CONHECE AS RAÇAS QUE FORAM CITADAS NO TEXTO? RESPONDA ORALMENTE.

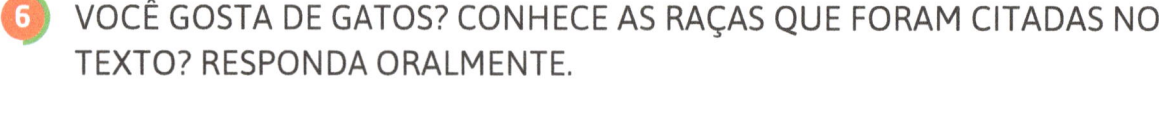

EXERCÍCIOS

LEIA O CARTAZ, COM A AJUDA DO PROFESSOR OU DE OUTRO ADULTO.

Os animais crescem!

Se for para adquirir um animal, que seja de maneira consciente!

1. Quais as necessidades e características do animal? **Pesquise** sobre a espécie que deseja adquirir e veja se poderá suprir as **necessidades do animal** como alimentação e cuidados veterinários.

2. Há muitos animais abandonados ou sem espaço suficiente. Caso deseje cuidar de um animal (contanto que não seja uma prática ilegal, como no caso dos animais exóticos), **opte por doações.**

3. Verifique se você terá **espaço** para cuidar devidamente do animal **quando ele crescer.**

(Disponível em: http://www.aquariodesaopaulo.com.br/blog/index.php/diga-nao-ao-trafico-de-animais/. Acesso em: 11/9/2019.)

AGORA, RESPONDA ÀS QUESTÕES 1 A 5.

1 QUEM PRODUZIU O CARTAZ? ESCREVA:

2 A QUEM O CARTAZ SE DIRIGE? ESCREVA:

[   ]

3 QUAL É O ASSUNTO DO CARTAZ? ESCREVA:

[   ]

4 QUAL É A FINALIDADE DO TEXTO? RESPONDA ORALMENTE.

5 RELEIA ESTA PARTE DO CARTAZ, COM A AJUDA DO PROFESSOR:

Os animais crescem!

Se for para adquirir um animal, que seja de maneira consciente!

AQUÁRIO DE SÃO PAULO

O QUE O TEXTO QUER DIZER COM AS FRASES A SEGUIR?

RESPONDA ORALMENTE.

A) "OS ANIMAIS CRESCEM!"

B) "SE FOR PARA ADQUIRIR UM ANIMAL, QUE SEJA DE MANEIRA CONSCIENTE!"

LEIA O POEMA QUE SEGUE, COM O AUXÍLIO DO PROFESSOR.

O PINGUIM

BOM DIA, PINGUIM
ONDE VAIS ASSIM
COM AR APRESSADO?
EU NÃO SOU MALVADO
NÃO FIQUE ASSUSTADO
COM MEDO DE MIM.

EU SÓ GOSTARIA
DE DAR UM TAPINHA
NO SEU CHAPÉU JACA
OU BEM DE LEVINHO
PUXAR O RABINHO
DA SUA CASACA.

(Vinícius de Morais. In: Eloí Elisabet Bocheco. *Poesia infantil – O abraço mágico.* Chapecó: Argos, 2002. p. 114.)

AGORA, RESPONDA ÀS QUESTÕES 6 A 8.

6 A PESSOA QUE FALA NO POEMA ENCONTROU UM PINGUIM.

A) ELA FOI BEM-EDUCADA COM O PINGUIM? POR QUÊ? COMO ELA O CUMPRIMENTOU? ESCREVA:

B) COMO O PINGUIM REAGIU? RESPONDA ORALMENTE.

7 O PINGUIM SAIU ANDANDO COM AR APRESSADO. O QUE QUER DIZER **COM AR APRESSADO**? ESCREVA:

[   ]

8 A PESSOA DIZ QUE QUERIA DAR UM TAPINHA NO CHAPÉU JACA DO PINGUIM E PUXAR O RABINHO DELE. VEJA, AO LADO, COMO É UM CHAPÉU JACA. RESPONDA ORALMENTE.

A) POR QUE A PESSOA DIZ QUE O PINGUIM USA CHAPÉU JACA?

B) VOCÊ ACHA QUE DAR UM TAPINHA NO PINGUIM E PUXAR O RABINHO DELE É SER MALVADO? POR QUÊ?

COM A AJUDA DO PROFESSOR, LEIA ESTE AVISO:

PERIGO
ÁREA SUJEITA A ATAQUE DE TUBARÃO

(Disponível em: http://g1.globo.com/pernambuco/noticia/2016/08/orla-de-pe-recebe-novas-placas-de-alerta-para-ataques-de-tubarao.html. Acesso em: 11/9/2019.)

AGORA, RESPONDA ÀS QUESTÕES 9 A 14.

9 QUE ANIMAL APARECE NA PLACA? ESCREVA:

[   ]

10 EM QUE LUGAR VOCÊ ACHA QUE A PLACA FOI COLOCADA? ESCREVA:

[   ]

11 A QUEM A PLACA SE DIRIGE? ESCREVA:

☐

12 QUAL É A FINALIDADE DA PLACA? RESPONDA ORALMENTE.

13 O QUE PODE OCORRER COM A PESSOA QUE NÃO OBEDECER AO AVISO? RESPONDA ORALMENTE.

14 POR QUE VOCÊ ACHA QUE A PLACA É VERMELHA? RESPONDA ORALMENTE.

15 VOCÊ CONHECE ESTES ANIMAIS QUE ESTÃO EM EXTINÇÃO? LIGUE OS NOMES ÀS FIGURAS.

ARARA-AZUL

CERVO-DO-PANTANAL

GATO-MARACAJÁ

MICO-LEÃO-DOURADO

16 CONVERSE COM OS COLEGAS: O QUE PODEMOS FAZER PARA PRESERVAR OS ANIMAIS SILVESTRES? RESPONDA ORALMENTE.

LEIA ESTA TIRA, COM O AUXÍLIO DO PROFESSOR.

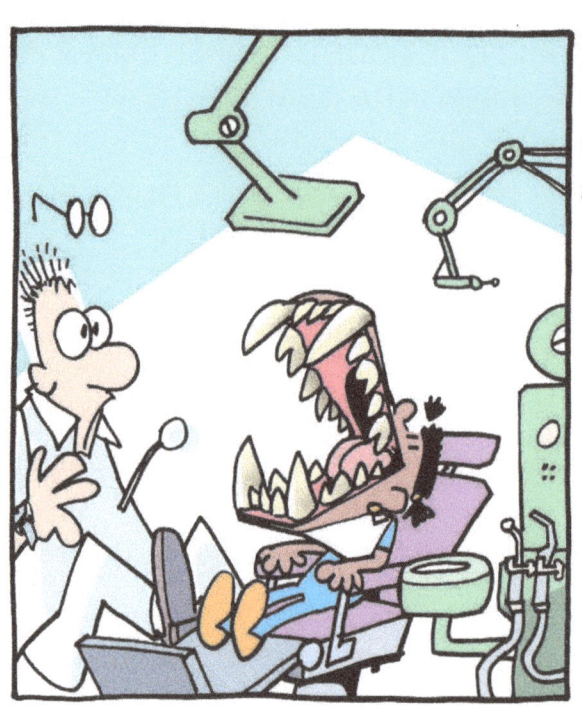

...ABRE MAIS, SURIÁ! QUERO VER UM BOCÃO DE LEÃO, VAMOS!

(Laerte. *Suriá contra o dono do circo*. São Paulo: Devir, 2003. p. 14.)

17 ONDE SURIÁ ESTÁ? ESCREVA:

18 PROVAVELMENTE, QUEM É O HOMEM QUE ESTÁ COM SURIÁ? ESCREVA:

19 O QUE O HOMEM QUERIA VER NA BOCA DE SURIÁ? ESCREVA:

20 POR QUE O HOMEM SE ASSUSTOU? RESPONDA ORALMENTE.

LEIA O CARTAZ, COM A AJUDA DO PROFESSOR OU DE OUTRO ADULTO:

FEIRA DE ADOÇÃO DE ANIMAIS

ME LEVA!

SÁBADO, 11 DE AGOSTO
DAS 9H ÀS 15H

PRAÇA DO RELÓGIO - CENTRO

PREFEITURA DE MAUÁ

(Disponível em: https://www.abcdoabc.com.br/maua/noticia/maua-realiza-feira-adocao-caes-gatos-69069. Acesso em: 11/9/2019.)

21 QUEM PROMOVE A FEIRA DE ADOÇÃO DE ANIMAIS? ESCREVA:

22 QUAL VAI SER O LOCAL DA FEIRA? ESCREVA:

23 QUANDO ELA VAI ACONTECER? ESCREVA:

24 A QUE HORAS A FEIRA VAI ACONTECER? ESCREVA:

25 QUE ANIMAIS SERÃO DOADOS? ESCREVA:

OBSERVE A FIGURA:

Detalhe. Reprodução/Prefeitura de Mauá

ME LEVA!

26 POR QUE O CACHORRINHO ESTÁ COM A COLEIRA NA BOCA? RESPONDA ORALMENTE.

LEIA ESTA CANTIGA COM A AJUDA DO PROFESSOR OU DE OUTRO ADULTO:

CASINHA

FUI MORAR NUMA CASINHA-NHA
INFESTADA-DA DE CUPIM-PIM-PIM
SAIU DE LÁ-LÁ-LÁ
UMA LAGARTIXA-XA
OLHOU PRA MIM
OLHOU PRA MIM E FEZ ASSIM:
SMACK! SMACK!

(In: Theodora Maria Mendes de Almeida, org. *Quem canta seus males espanta*. São Paulo: Caramelo, 1998. p. 40.)

27 ONDE FOI MORAR A PESSOA QUE FALA NO POEMA? ESCREVA:

28 O LUGAR ESTAVA INFESTADO POR QUAL BICHO? ESCREVA:

29 A LAGARTIXA FEZ "SMACK! SMACK!". O QUE ESSE SOM SIGNIFICA? ESCREVA:

LEIA O QUADRO A SEGUIR, COM A AJUDA DO PROFESSOR.

AVESTRUZ	50 ANOS
BORBOLETA (VERÃO)	6 SEMANAS
CAVALO	20 ANOS
ELEFANTE	60 ANOS
FORMIGA	3 SEMANAS
GATO	11 ANOS
LEÃO	20 ANOS

(Disponível em: http://guiadoscuriosos.uol.com.br/uncategorized/expectativa-de-vida-dos-animais/. Acesso em: 11/9/2019.)

30 O QUADRO MOSTRA O QUANTO VIVE, EM MÉDIA, CADA ANIMAL.

A) QUAL DELES VIVE MAIS? ESCREVA:

B) QUAL DELES VIVE MENOS? ESCREVA:

31 QUANTOS ANOS VIVEM O CAVALO E O LEÃO? ESCREVA:

32 QUAL DOS ANIMAIS DO QUADRO VOCÊ GOSTARIA QUE VIVESSE MAIS? POR QUÊ? RESPONDA ORALMENTE.

CAPÍTULO 8

DIVERSÃO

COMO VOCÊ SE DIVERTE: SOZINHO(A) OU COM FAMILIARES E AMIGOS? COM BRINQUEDOS, COM ESPORTES OU CANTANDO? PARA VOCÊ, O QUE É DIVERSÃO?

TEXTO 1

VOCÊ CONHECE O ESPORTE CHAMADO *STAND-UP*, PRATICADO ATUALMENTE NAS PRAIAS? LEIA O TEXTO QUE SEGUE, COM O AUXÍLIO DO PROFESSOR.

COMO FICAR EM PÉ

1. DEITE-SE EM CIMA DA PRANCHA NA PARTE INDICADA – A MAIORIA TEM UM ESPAÇO DEFINIDO PARA APOIO, QUE EVITA ESCORREGAR

2. EM SEGUIDA, AJOELHE-SE E MOVA UMA PERNA DE CADA VEZ ATÉ SE LEVANTAR

3. LEVANTE-SE COM O REMO NAS MÃOS: UMA DELAS DEVE FICAR NO TOPO E OUTRA NO CENTRO DO REMO

4. PARA FACILITAR O EQUILÍBRIO, MANTENHA A POSTURA ERETA E OS PÉS PARALELOS, A CERCA DE 20 CM DE DISTÂNCIA

David Martins/Arquivo da editora

(Disponível em: https://m.folha.uol.com.br/folhinha/2014/01/1401983-stand-up-paddle-pranchao-com-remo-vira-mania-veja-onde-praticar.shtml. Acesso em: 5/9/2019.)

1 RESPONDA ORALMENTE:

A) O QUE O TEXTO ENSINA?

B) O TEXTO FOI ESCRITO PARA QUEM?

2 O QUE PODE ACONTECER A UMA PESSOA SE ELA QUISER PRATICAR O ESPORTE SEM SEGUIR AS INSTRUÇÕES DADAS NO TEXTO? RESPONDA ORALMENTE.

3 ALÉM DO EQUIPAMENTO, O QUE É NECESSÁRIO PARA PRATICAR O ESPORTE? RESPONDA ORALMENTE.

4 O QUE QUER DIZER **POSTURA ERETA**? MARQUE:

☐ POSTURA TORTA OU INCLINADA

☐ POSTURA RETA E ERGUIDA

5 VOCÊ JÁ PRATICOU *STAND-UP* OU JÁ SURFOU ALGUMA VEZ? SE SIM, CONTE PARA OS COLEGAS COMO FOI.

TEXTO 2

LEIA AS PARLENDAS, COM O AUXÍLIO DO PROFESSOR, E OBSERVE AS FIGURAS.

UNIDUNITÊ
SALAMÊ MINGUÊ
O SORVETE COLORÊ
O ESCOLHIDO FOI VOCÊ.

FUI À FEIRA COMPRAR UVA
ENCONTREI UMA CORUJA
PISEI NO RABO DELA
ELA ME CHAMOU DE CARA SUJA.

BOI, BOI, BOI
BOI DA CARA PRETA
PEGA ESSA MENINA
QUE TEM MEDO DE CARETA.

(Da tradição popular.)

1 CADA FIGURA REPRESENTA UM SENTIMENTO.

A) QUE SENTIMENTO A PRIMEIRA FIGURA REPRESENTA? ESCREVA:

B) QUE SENTIMENTO A SEGUNDA FIGURA REPRESENTA? ESCREVA:

C) QUE SENTIMENTO A TERCEIRA FIGURA REPRESENTA? ESCREVA:

2 DE ACORDO COM O CONTEÚDO DOS TEXTOS, LIGUE CADA PARLENDA A UMA FIGURA.

TEXTO 3

LEIA A CANTIGA A SEGUIR, COM O AUXÍLIO DO PROFESSOR. DEPOIS, CANTE-A COM TODA A CLASSE.

SE ESSA RUA FOSSE MINHA

SE ESSA RUA, SE ESSA RUA FOSSE MINHA
EU MANDAVA, EU MANDAVA LADRILHAR
COM PEDRINHAS, COM PEDRINHAS DE BRILHANTE
SÓ PRA VER, SÓ PRA VER MEU BEM PASSAR.

NESSA RUA, NESSA RUA TEM UM BOSQUE
QUE SE CHAMA, QUE SE CHAMA SOLIDÃO
DENTRO DELE, DENTRO DELE MORA UM ANJO
QUE ROUBOU, QUE ROUBOU MEU CORAÇÃO.

SE EU ROUBEI, SE EU ROUBEI TEU CORAÇÃO
TU ROUBASTE, TU ROUBASTE O MEU TAMBÉM
SE EU ROUBEI, SE EU ROUBEI TEU CORAÇÃO
FOI PORQUE SÓ PORQUE TE QUERO BEM.

(Da tradição popular.)

RESPONDA ORALMENTE:

1) A PESSOA QUE FALA NO POEMA IMAGINA O QUE FARIA SE FOSSE A DONA DA RUA.

   A) COMO A RUA SERIA?

   B) COM QUAL FINALIDADE A RUA FICARIA TÃO ESPECIAL ASSIM?

2) LEIA NOVAMENTE, COM A AJUDA DO PROFESSOR, ESTE TRECHO DA CANTIGA:

   > "DENTRO DELE, DENTRO DELE MORA UM ANJO
   > QUE ROUBOU, QUE ROUBOU MEU CORAÇÃO"

   A) O QUE QUER DIZER "ROUBAR O CORAÇÃO DE ALGUÉM"?

   B) QUEM VOCÊ ACHA QUE É O "ANJO" QUE MORA NO BOSQUE?

3) A PESSOA QUE FALA NO POEMA É CORRESPONDIDA NO AMOR?

VAMOS DECLAMAR?

PARTICIPE DE UM JOGRAL COM OS COLEGAS.

TODA A TURMA VAI DECLAMAR A CANTIGA "SE ESSA RUA FOSSE MINHA", DE ACORDO COM AS INSTRUÇÕES DO PROFESSOR. ENSAIEM VÁRIAS VEZES ATÉ A DECLAMAÇÃO FICAR PERFEITA. DIVIRTAM-SE.

EXERCÍCIOS

OBSERVE ESTA PINTURA, DE MAURICIO DE SOUSA:

▸ MAGALI E MÔNICA AO PIANO (1992).

1 ESCREVA O NOME DAS PERSONAGENS:

2 RESPONDA ORALMENTE:

A) NA CENA MOSTRADA NA PINTURA, EM QUE LUGAR AS PERSONAGENS ESTÃO?

B) O QUE ELAS ESTÃO FAZENDO?

C) VOCÊ ACHA QUE AS MENINAS ESTÃO SE DIVERTINDO? POR QUÊ?

3 A PINTURA DE MAURICIO DE SOUSA FOI CRIADA A PARTIR DE UMA DAS PINTURAS ABAIXO. DESCUBRA QUAL É E MARQUE-A.

▶ *MENINAS AO PIANO* (1892), DE AUGUSTE RENOIR.

▶ *ROSA E AZUL* (1881), DE AUGUSTE RENOIR.

▶ *MULHERES DO TAITI* (1891), DE PAUL GAUGUIN.

ACOMPANHE A LEITURA QUE O PROFESSOR VAI FAZER DESTE POEMA, DE JOSÉ PAULO PAES. DEPOIS, RESPONDA ÀS QUESTÕES 4 A 8.

CONVITE

POESIA
É BRINCAR COM PALAVRAS
COMO SE BRINCA
COM BOLA, PAPAGAIO, PIÃO.

SÓ QUE
BOLA, PAPAGAIO, PIÃO
DE TANTO BRINCAR
SE GASTAM.

AS PALAVRAS NÃO:
QUANTO MAIS SE BRINCA
COM ELAS
MAIS NOVAS FICAM.

COMO A ÁGUA DO RIO
QUE É ÁGUA SEMPRE NOVA.

COMO CADA DIA
QUE É SEMPRE UM NOVO DIA.
VAMOS BRINCAR DE POESIA?

(*Poemas para brincar.* 15. ed. São Paulo: Ática, 1999.)

Jean Galvão/Arquivo da editora

4 DO QUE O POEMA FALA? ESCREVA:

☐

5 PARA O POETA, O QUE É A POESIA? MARQUE:

☐ UMA BRINCADEIRA COM PALAVRAS

☐ UMA LUTA

☐ UM JOGO DE BOLA

6 BRINCAR COM PALAVRAS É COMPARADO A QUAIS BRINCADEIRAS? ESCREVA:

| |
| |
| |

7 POR QUE BRINCAR COM PALAVRAS É DIFERENTE DE BRINCAR COM BRINQUEDOS? RESPONDA, LIGANDO AS COLUNAS:

BRINQUEDOS   SE RENOVAM

PALAVRAS   SE GASTAM

8 RESPONDA ORALMENTE:

A) POR QUE A ÁGUA DO RIO É SEMPRE NOVA?

B) POR QUE AS PALAVRAS SE RENOVAM?

LEIA O TEXTO A SEGUIR, COM O AUXÍLIO DO PROFESSOR. DEPOIS, RESPONDA ÀS QUESTÕES 9 A 12.

PREVISÃO DE SÁBADO PARA CURITIBA – 3/8

↑ 14 °C
↓ 10 °C
VARIAÇÃO → MANHÃ   TARDE   NOITE
CHUVOSO DURANTE O DIA E À NOITE.

9 O TEXTO MOSTRA A PREVISÃO DO TEMPO.

A) A PREVISÃO É PARA QUAL CIDADE? ESCREVA:

[   ]

B) PARA QUAL DIA? ESCREVA O NÚMERO:

[   ]

10 A TEMPERATURA VARIA.

A) QUAL É A TEMPERATURA MÁXIMA? ESCREVA O NÚMERO:

[   ]

B) QUAL É A TEMPERATURA MÍNIMA? ESCREVA O NÚMERO:

[   ]

11 VAI FAZER SOL OU VAI CHOVER? ESCREVA:

[   ]

12 DEBATA COM OS COLEGAS: POR QUE AS PESSOAS CONSULTAM A PREVISÃO DO TEMPO?

LEIA O TEXTO, COM A AJUDA DO PROFESSOR. DEPOIS, RESPONDA ÀS QUESTÕES 13 A 15.

AVISO

1. NÃO USE PROTETOR SOLAR OU ÓLEOS PARA O CORPO AO ENTRAR NA PISCINA.
2. NÃO É PERMITIDO O CONSUMO DE LANCHES OU BEBIDAS NA PISCINA.
3. É OBRIGATÓRIO EM CRIANÇAS O USO DE BOIAS DE BRAÇO PARA O USO DA PISCINA.
4. NÃO SE ESQUEÇA DE PASSAR NO CHUVEIRO ANTES DE ENTRAR NA PISCINA

Banco de imagens/Arquivo da editora

13 O AVISO SE REFERE AO USO DE QUÊ? MARQUE:

☐ DO CHUVEIRO   ☐ DA PISCINA

14 O AVISO É PARA QUEM? MARQUE:

☐ PARA TODOS OS USUÁRIOS

☐ SOMENTE PARA AS CRIANÇAS

15 O ITEM 3 SE REFERE AO USO DE BOIAS EM CRIANÇAS.

A) QUAL É A PREOCUPAÇÃO DESSE ITEM: SEGURANÇA OU HIGIENE? ESCREVA:

B) E QUAL É A PREOCUPAÇÃO DOS OUTROS ITENS: SEGURANÇA OU HIGIENE? ESCREVA:

VOCÊ JÁ TOMOU BANHO DE BANHEIRA? LEIA A TIRA A SEGUIR, COM A AJUDA DO PROFESSOR, E VEJA O QUE O MENINO MALUQUINHO LEVA PARA O BANHO.

BANHO DE BANHEIRA CAPRICHADO TEM QUE TER BOIA, PÉ DE PATO, MÁSCARA DE MERGULHO, TUBARÃO DE BORRACHA, LANCHA, BONEQUINHOS...

...NAVIO FANTASMA, BARCO DE PAPEL, POLVO DE PLÁSTICO, PATINHO, ESTRELA-DO-MAR...

...E SE SOBRAR ESPAÇO, UM POUCO D'ÁGUA!

(Ziraldo. *O Menino Maluquinho – As melhores tiras.* Porto Alegre: L&PM, 1995. n.º 1, p. 8.)

© Ziraldo Alves Pinto/Acervo do cartunista

AGORA, RESPONDA ÀS QUESTÕES 16 E 17.

16 PARA O MENINO MALUQUINHO, O QUE É BANHO? ESCREVA:

17 VOCÊ ACHA QUE ELE VAI SAIR LIMPO DA BANHEIRA? POR QUÊ? RESPONDA ORALMENTE.

CAPÍTULO 9

EU TAMBÉM SOU RESPONSÁVEL

VOCÊ NÃO DESPERDIÇA ÁGUA? AJUDA SUA FAMÍLIA NAS TAREFAS DOMÉSTICAS? AJUDA A RECICLAR O LIXO PRODUZIDO?

TEXTO 1

COM A AJUDA DO PROFESSOR, LEIA A TABELA ABAIXO E VEJA QUANTOS LITROS DE ÁGUA PODEM SER ECONOMIZADOS NAS ATIVIDADES DIÁRIAS.

ATIVIDADE	ECONOMIA
LAVAR A LOUÇA, FECHANDO A TORNEIRA ENQUANTO ENSABOA	ATÉ 97 LITROS
TOMAR BANHO, FECHANDO A TORNEIRA ENQUANTO ENSABOA	ATÉ 160 LITROS
LAVAR A CALÇADA SEM MANGUEIRA	ATÉ 250 LITROS
UTILIZAR O VASO SANITÁRIO COM DESCARGA MODERADA	ATÉ 14 LITROS
LAVAR O CARRO SEM MANGUEIRA	ATÉ 250 LITROS
ESCOVAR OS DENTES FECHANDO A TORNEIRA	ATÉ 24 LITROS

(Disponível em: https://vitorianews.com.br/sustentabilidade/noticia/2016/04/evitar-o-desperdicio-de-agua-e-simples-82626.html. Acesso em: 5/9/2019.)

1. EM QUAIS ATIVIDADES DOMÉSTICAS SE CONSEGUE ECONOMIZAR MAIS ÁGUA? RESPONDA ORALMENTE.

2. EM QUAL ATIVIDADE SE CONSEGUE ECONOMIZAR MENOS ÁGUA? RESPONDA ORALMENTE.

3. QUANTOS LITROS DE ÁGUA SE ECONOMIZA LAVANDO A CALÇADA SEM MANGUEIRA? ESCREVA O NÚMERO:

4. QUANTOS LITROS DE ÁGUA SE ECONOMIZA FECHANDO A TORNEIRA AO ESCOVAR OS DENTES? ESCREVA O NÚMERO:

5. VOCÊ TAMBÉM ECONOMIZA ÁGUA NA SUA CASA? EM QUAIS ATIVIDADES? CONTE AOS COLEGAS.

TEXTO 2

LEIA AS CURIOSIDADES SOBRE RECICLAGEM, COM A AJUDA DO PROFESSOR.

CURIOSIDADES PARA DESPERTAR O ESPÍRITO DA RECICLAGEM EM CADA UM DE NÓS

- 27 MIL ÁRVORES SÃO DERRUBADAS A CADA DIA PRA FAZER PAPEL HIGIÊNICO.
- RECICLAR UMA ÚNICA GARRAFA DE PLÁSTICO PODE ECONOMIZAR ENERGIA SUFICIENTE PARA MANTER ACESA UMA LÂMPADA DE 60W DURANTE 6 HORAS.
- SEIS MILHÕES DE TONELADAS DE LIXO SÃO JOGADAS NO MAR TODOS OS ANOS. NA MAIOR PARTE, PLÁSTICO.

(Disponível em: www.bol.uol.com.br/listas/18-curiosidades-para-despertar-o-espirito-da-reciclagem-em-cada-um-de-nos.htm. Acesso em: 13/9/2019.)

1 O QUE SE PRODUZ COM A DERRUBADA DIÁRIA DE 27 MIL ÁRVORES? ESCREVA:

2 RECICLAR UMA ÚNICA GARRAFA DE PLÁSTICO PODE ECONOMIZAR ENERGIA SUFICIENTE PARA MANTER O QUE ACESO POR SEIS HORAS: UMA LÂMPADA OU UM LAMPIÃO? ESCREVA:

3 QUAL É O TIPO DE LIXO MAIS JOGADO NO MAR? ESCREVA:

4 VOCÊ JÁ CONHECIA ESSAS CURIOSIDADES? CONHECE OUTRAS SOBRE MEIO AMBIENTE? SE SIM, CONTE PARA OS COLEGAS.

TEXTO 3

LEIA O QUADRO A SEGUIR, COM A AJUDA DO PROFESSOR.

AJUDA DOS FILHOS NAS TAREFAS DOMÉSTICAS

2 A 3 ANOS DE IDADE	4 A 5 ANOS DE IDADE	6 A 8 ANOS DE IDADE	9 A 12 ANOS DE IDADE
COLOCAR ROUPA SUJA NO CESTO	ARRUMAR A PRÓPRIA CAMA	LIMPEZA COM UTENSÍLIOS (RODO, VASSOURA...)	CUIDAR DE ANIMAIS DE ESTIMAÇÃO
LIMPAR PEQUENAS SUPERFÍCIES	AJUDAR NA PREPARAÇÃO DE COMIDAS	GUARDAR OU LAVAR A LOUÇA	AJUDAR A LAVAR O CARRO
GUARDAR SEUS BRINQUEDOS	REGAR AS PLANTAS	AJUDAR A ESTENDER AS ROUPAS NO VARAL	COZINHAR
AJUDAR A ALIMENTAR ANIMAIS DE ESTIMAÇÃO	AJUDAR A GUARDAR SUAS ROUPAS	PÔR OU TIRAR A MESA	LEVAR O LIXO PARA FORA

(Disponível em: www.pitadinhasmaternas.com.br/ajuda-dos-filhos-nas-tarefas-domesticas/. Acesso em: 5/9/2019.)

1 O QUADRO SE REFERE A ATIVIDADES DA CASA OU DA ESCOLA? ESCREVA:

2 A PARTIR DE QUAL IDADE A CRIANÇA PODE AJUDAR NA PREPARAÇÃO DE COMIDAS? ESCREVA:

3 VOCÊ ACHA QUE, COM ESSA IDADE, A CRIANÇA DEVE COZINHAR SOZINHA OU COM O ACOMPANHAMENTO DE UM ADULTO? POR QUÊ? RESPONDA ORALMENTE.

4 RESPONDA ORALMENTE:

A) VOCÊ FAZ AS TAREFAS INDICADAS NO QUADRO PARA CRIANÇAS COM A SUA IDADE? SE SIM, QUAIS?

B) DAS ATIVIDADES INDICADAS PARA A SUA IDADE, HÁ ALGUMA QUE VOCÊ ACHA DIFÍCIL? SE SIM, QUAL? COMENTE COM OS COLEGAS.

EXERCÍCIOS

LEIA A LETRA DE UMA CANÇÃO, COM A AJUDA DO PROFESSOR OU DE OUTRO ADULTO.

TODA CRIANÇA QUER

TODA CRIANÇA QUER
TODA CRIANÇA QUER CRESCER
TODA CRIANÇA QUER SER UM
ADULTO

E TODO ADULTO QUER
E TODO ADULTO QUER CRESCER
PARA VENCER E TER ACESSO AO MUNDO

E TODO MUNDO QUER
E TODO MUNDO QUER SABER
DE ONDE VEM
PRA ONDE VAI
COMO É QUE ENTRA
COMO É QUE SAI
POR QUE É QUE SOBE
POR QUE É QUE CAI
POIS TODO MUNDO QUER...

(Sandra Peres e Paulo Tatit. CD *Pé com pé*.)

1 A CANÇÃO FALA DE QUEM? MARQUE:

☐ DA CRIANÇA

☐ DO ADULTO

☐ DE CRIANÇAS E ADULTOS

2 TODA CRIANÇA QUER CRESCER OU QUER CORRER? ESCREVA:

[   ]

3 O QUE TODO ADULTO QUER: VENCER OU VENDER? ESCREVA.

[   ]

4 LIGUE OS OPOSTOS:

DE ONDE VEM   COMO É QUE SAI

COMO É QUE ENTRA   POR QUE É QUE CAI

POR QUE É QUE SOBE   PRA ONDE VAI

5 COMPARE:

- "TODA CRIANÇA QUER CRESCER"
- "TODO ADULTO QUER CRESCER"

A) NA PRIMEIRA FRASE, **CRESCER** QUER DIZER O QUÊ?

☐ AUMENTAR DE TAMANHO

☐ SER UMA PESSOA MELHOR

B) NA SEGUNDA FRASE, **CRESCER** QUER DIZER O QUÊ?

☐ AUMENTAR DE TAMANHO

☐ SER UMA PESSOA MELHOR

6 NA FRASE "TODO MUNDO QUER SABER", QUEM É **TODO MUNDO**? RESPONDA ORALMENTE.

LEIA ESTA TIRA COM O AUXÍLIO DO PROFESSOR OU DE OUTRO ADULTO:

O PAULINHO É UM GATO, MAS O CÍCERO É MAIS MEIGO!

HÁ HÁ HÁ
HÁ HÁ HÁ
HÁ HÁ

MINHA AGENDA CAIU NO BUEIRO!

(Fernando Gonsales. *Níquel Náusea – A perereca da vizinha.* São Paulo: Devir, 2005. p. 45.)

7 POR QUE OS RATINHOS ESTÃO RINDO? MARQUE:

☐ PORQUE ELES ESTÃO LENDO UM LIVRO DE PIADAS.

☐ PORQUE ELES ESTÃO LENDO A AGENDA DE UMA MENINA.

8 COMPLETE:

A) PAULINHO É UM _____.

B) CÍCERO É _____.

9 A EXPRESSÃO FACIAL DA MENINA INDICA QUE ELA ESTÁ CALMA OU BRAVA? ESCREVA:

☐

10 COMO A AGENDA FOI PARAR NAS MÃOS DOS RATOS? RESPONDA ORALMENTE.

LEIA O POEMA A SEGUIR, COM A AJUDA DO PROFESSOR E DOS COLEGAS. DEPOIS, RESPONDA ÀS QUESTÕES 11 A 14.

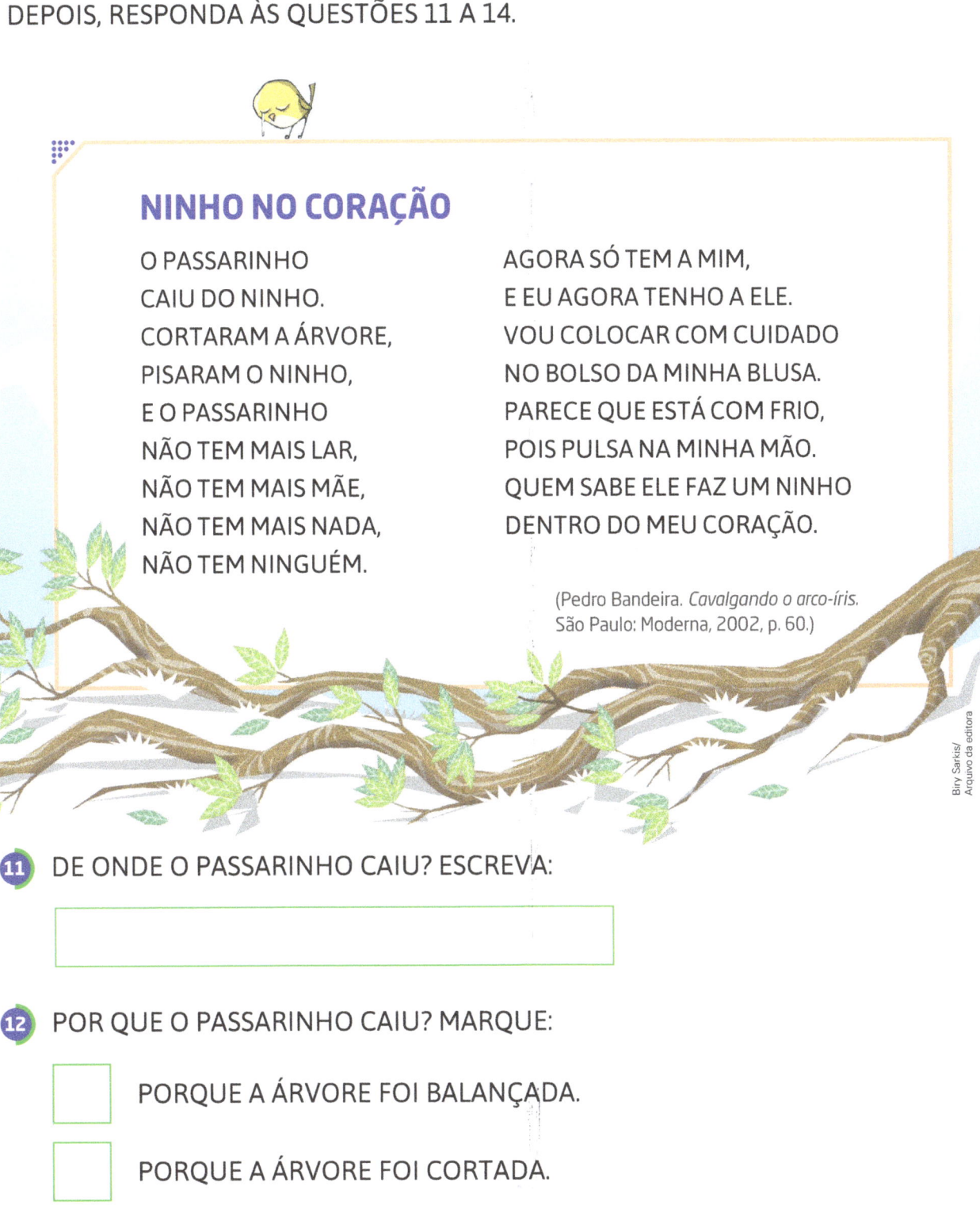

NINHO NO CORAÇÃO

O PASSARINHO
CAIU DO NINHO.
CORTARAM A ÁRVORE,
PISARAM O NINHO,
E O PASSARINHO
NÃO TEM MAIS LAR,
NÃO TEM MAIS MÃE,
NÃO TEM MAIS NADA,
NÃO TEM NINGUÉM.

AGORA SÓ TEM A MIM,
E EU AGORA TENHO A ELE.
VOU COLOCAR COM CUIDADO
NO BOLSO DA MINHA BLUSA.
PARECE QUE ESTÁ COM FRIO,
POIS PULSA NA MINHA MÃO.
QUEM SABE ELE FAZ UM NINHO
DENTRO DO MEU CORAÇÃO.

(Pedro Bandeira. *Cavalgando o arco-íris*. São Paulo: Moderna, 2002, p. 60.)

11 DE ONDE O PASSARINHO CAIU? ESCREVA:

12 POR QUE O PASSARINHO CAIU? MARQUE:

☐ PORQUE A ÁRVORE FOI BALANÇADA.

☐ PORQUE A ÁRVORE FOI CORTADA.

13 O PASSARINHO FUGIU OU SE PERDEU DA SUA MÃE? ESCREVA:

14 O QUE VOCÊ FARIA SE ENCONTRASSE UM PASSARINHO PERDIDO? CONTE PARA OS COLEGAS.

15 VAMOS BRINCAR DE ADIVINHA? ESCREVA AS RESPOSTAS:

A) O QUE É, O QUE É,
QUE NO MASCULINO É RIQUEZA
E NO FEMININO CORTA?

B) O QUE É? O QUE É?
SOU PINTADA POR FORA,
SOU PINTADA POR DENTRO.
TENHO OLHOS PARA VER
E BOCA PARA ABRIR.

LEIA O POEMA, COM A AJUDA DO PROFESSOR:

ACHEGUEM-SE COM CUIDADO,
DE OLHO ACESO, MINHA GENTE:
O S TEM FORMA DE COBRA,
COM ELE SE ESCREVE SERPENTE.

(Mário Quintana. *O batalhão das letras*. São Paulo: Globo, 1999. p. 22.)

16 QUEM FALA NO POEMA RECOMENDA "CUIDADO" PORQUE A SERPENTE É:

☐ MANSA

☐ PERIGOSA

17 A LETRA **S** É COMPARADA A UMA COBRA POR CAUSA DO TAMANHO OU POR CAUSA DA FORMA DELA? ESCREVA:

_____

18 VOCÊ TEM MEDO DE COBRA OU DE OUTRO ANIMAL? SE SIM, CONTE PARA OS COLEGAS.

CAPÍTULO 10

VIVA A DIFERENÇA

VOCÊ JÁ DEVE TER NOTADO QUE, NA NATUREZA, NÃO HÁ NADA IGUAL. SEJA ENTRE PLANTAS, SEJA ENTRE BICHOS, SEJA ENTRE ESTRELAS, NENHUM SER É INTEIRAMENTE IGUAL A OUTRO. POR QUE, ENTÃO, AS PESSOAS DEVERIAM SER IGUAIS?

TEXTO 1

OBSERVE ESTA FOTO:

1 A FOTO MOSTRA UM GRUPO DE ANIMAIS.

A) QUE ANIMAIS SÃO ESSES? ESCREVA:

B) ONDE OS ANIMAIS ESTÃO? ESCREVA:

C) O QUE OS ANIMAIS ESTÃO FAZENDO? RESPONDA ORALMENTE.

D) OS ANIMAIS DA FOTO SÃO IGUAIS? EXPLIQUE ORALMENTE.

2 ASSOCIE CADA ANIMAL À COR DELE:

MARROM E BRANCO

PRETO E BRANCO

3 VOCÊ ACHA QUE O PINGUIM MARROM E BRANCO ESTÁ ENTURMADO COM OS OUTROS? POR QUÊ? EXPLIQUE ORALMENTE.

115

TEXTO 2

LEIA A HISTÓRIA EM QUADRINHOS A SEGUIR, COM O AUXÍLIO DO PROFESSOR.

1 PARA QUE CAIO QUERIA UM LUGAR CALMO? ESCREVA:

_____

2 LIGUE OS PERSONAGENS AO QUE PERTENCE A ELES:

CAIO   CAIXA DE PAPELÃO

AMIGOS DE CAIO   CADEIRA DE RODAS

3 AS CRIANÇAS FAZEM UMA TROCA. RESPONDA ORALMENTE:

A) NO ÚLTIMO QUADRINHO, O QUE OS DOIS MENINOS ESTÃO FAZENDO?

B) COM O QUE ELES ESTÃO PREOCUPADOS?

C) COM O QUE ELES DEVERIAM SE PREOCUPAR?

D) NA REALIDADE, QUEM DEVERIA FICAR MAIS PREOCUPADO? POR QUÊ?

4. OBSERVE A ÚLTIMA CENA. O QUE PODE ACONTECER COM OS MENINOS E COM A CADEIRA? RESPONDA ORALMENTE.

5. CAIO É UM MENINO CADEIRANTE. RESPONDA ORALMENTE:

    A) VOCÊ ACHA QUE, POR SER CADEIRANTE, ELE TEM DIFICULDADE PARA TER AMIGOS?

    B) VOCÊ É CADEIRANTE OU CONHECE ALGUÉM QUE SEJA? SE SIM, CONTE PARA OS COLEGAS COMO É A VIDA DE UM CADEIRANTE.

TEXTO 3

LEIA O POEMA A SEGUIR, COM O AUXÍLIO DO PROFESSOR:

CADA UM COM SEU JEITO

SE O JOÃO, A MARIA, A TERESA,
TIVESSEM A PELE CLARINHA,
OLHOS AZUIS
E NARIZ ARREBITADO
— COMO TEM A INÊS —
QUE CHATO OLHAR PROS TRÊS.

[...]

SE O MÁRIO, O TAMPA, O TONINHO,
O TOCO E O CHIQUINHO
MEDISSEM DOIS METROS
COMO O TONHÃO,
COMO É QUE AS MENINAS
FARIAM COMPARAÇÃO?
CADA UM TEM SUA RAÇA, SEU NOME,
PROFISSÃO, SEU JEITO E A SUA COR.
COMO O MUNDO SERIA SEM GRAÇA,
SE A COMIDA TIVESSE UM SÓ SABOR!

(Elias José. *Forrobodó no forró*. São Paulo: Mercuryo Jovem, 2006. p. 9.)

1) POR QUE SERIA CHATO OLHAR PARA O JOÃO, A MARIA E A TERESA, SE ELES TIVESSEM A CARA DA INÊS? RESPONDA ORALMENTE.

2) CONSIDERANDO OS APELIDOS DOS MENINOS — TAMPA, TONINHO, TOCO E CHIQUINHO —, VOCÊ ACHA QUE ELES SÃO BAIXOS OU ALTOS? ESCREVA:

3) O NOME TONHÃO SUGERE ALGUÉM ALTO OU BAIXO?

4) TROQUE IDEIAS COM OS COLEGAS:

   A) SE TODAS AS COMIDAS TIVESSEM O MESMO SABOR, O MUNDO FICARIA MESMO SEM GRAÇA?

   B) SE AS PESSOAS FOSSEM TODAS IGUAIS, SERIA MESMO CHATO? POR QUÊ?

EXERCÍCIOS

1) COM O AUXÍLIO DO PROFESSOR OU DE OUTRO ADULTO, LEIA A QUADRINHA A SEGUIR.

> TRINTA DIAS TEM NOVEMBRO,
> ABRIL, JUNHO E SETEMBRO;
> VINTE E OITO SÓ TEM UM,
> OS DEMAIS TÊM TRINTA E UM.

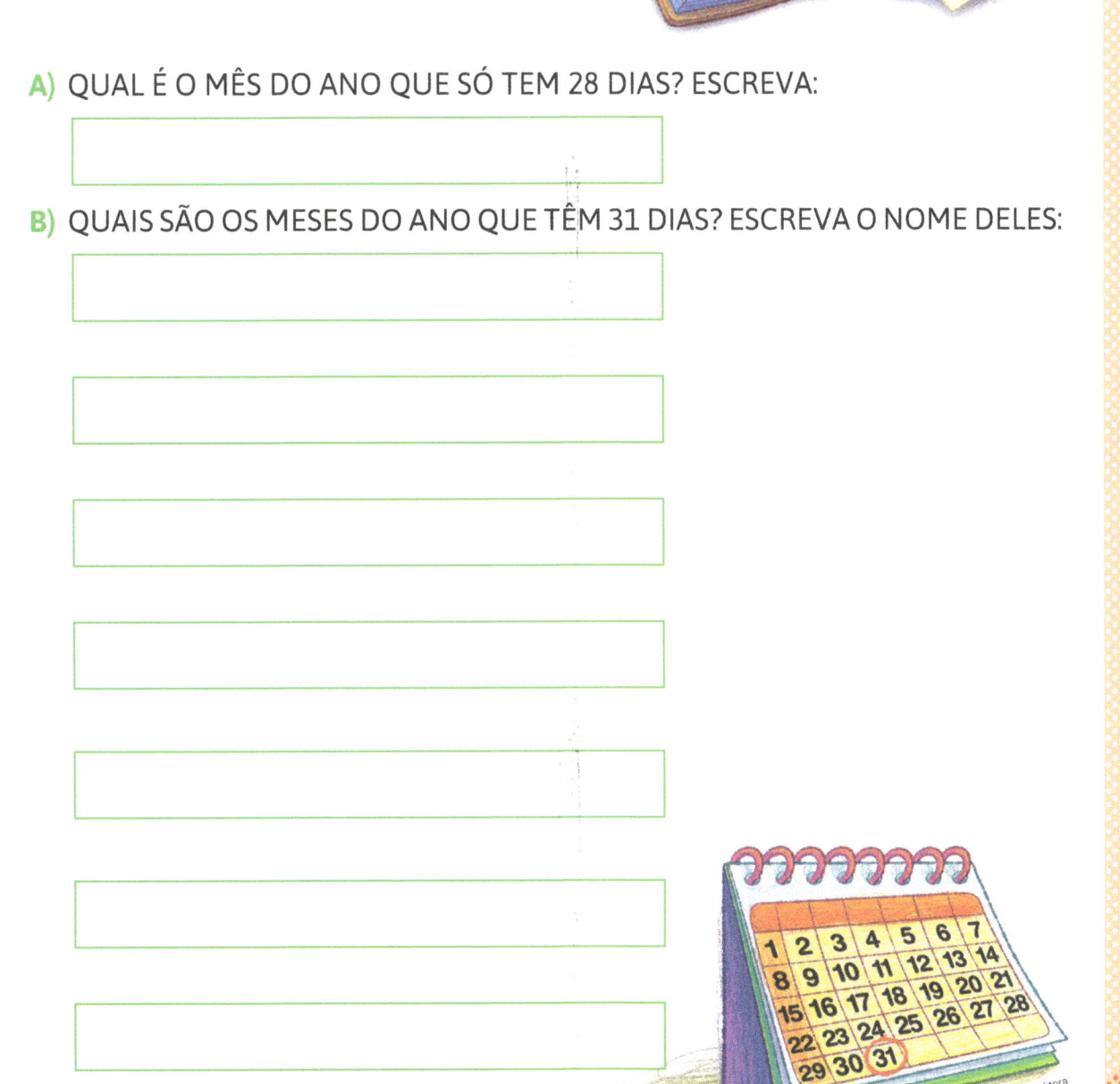

A) QUAL É O MÊS DO ANO QUE SÓ TEM 28 DIAS? ESCREVA:

B) QUAIS SÃO OS MESES DO ANO QUE TÊM 31 DIAS? ESCREVA O NOME DELES:

LEIA O POEMA A SEGUIR, COM A AJUDA DO PROFESSOR OU DE OUTRO ADULTO.

FREVO

O SAPO DE PERNAMBUCO,
ALEGRE, CANTA NO BREJO:
— HOJE TEM FREVO! TEM FREVO!

E A SAPARIA RESPONDE
NUM VOZERIO TAMBÉM:
— TEM! TEM! TEM!

O SAPO NÃO TEM SOMBRINHA
PARA DANÇAR, Ó MANINHA!

A SAPARIA PROTESTA,
NO BREJO QUE ESTÁ EM FESTA:
— TEM! TEM! TEM!

(Celina Ferreira. *Papagaio Gaio — Poeminhas*. Belo Horizonte: Formato, 1998. p. 14.)

AGORA, RESPONDA ÀS QUESTÕES 2 A 5.

2 DE ONDE É O SAPO? ESCREVA:

3 RESPONDA ORALMENTE:

A) ONDE ACONTECE A FESTA DA SAPARIA?

B) O QUE ALGUÉM DIZ QUE O SAPO NÃO TEM?

C) A SAPARIA CONCORDA COM ESSA AFIRMAÇÃO?

4 NO TRECHO:

"E A SAPARIA RESPONDE NUM VOZERIO TAMBÉM"

O QUE QUER DIZER A PALAVRA **VOZERIO**? MARQUE:

☐ MUITAS VOZES JUNTAS ☐ UMA VOZ FORTE

5 FALE EM VOZ ALTA ESTE VERSO, JUNTO COM OS COLEGAS:

"— TEM! TEM! TEM!"

O SOM DESSAS PALAVRAS SE PARECE COM O QUÊ? RESPONDA ORALMENTE.

6 SUBSTITUA OS SÍMBOLOS POR LETRAS E DESCUBRA O QUE AS CRIANÇAS GOSTAM DE FAZER NAS FÉRIAS OU NO FERIADO.

♥▲♥❖●♥❖♣★♦■

♥ = A   ❖ = M
● = P   ★ = N
▲ = C   ♦ = T
♣ = E   ■ = O

7 TENTE RESOLVER AS ADIVINHAS ABAIXO E ESCREVA AS RESPOSTAS.

A)
O QUE É? O QUE É?
HÁ UMA LAGOA E UMA COBRA:
ENQUANTO HÁ ÁGUA, A COBRA VIVE;
SE A LAGOA SECAR, A COBRA MORRE.

B)
O QUE É? O QUE É?
CORRE CORRE
E NÃO SABE ONDE PARAR.

C)
O QUE É? O QUE É?
TEM BARRIGA DE VIDRO
E TRIPA DE ARAME.

D)
O QUE É? O QUE É?
QUE ENTRA NA ÁGUA
E NÃO SE MOLHA?

(Adivinhas extraídas de: Mário Souto Maior, org. *O grande livro das adivinhações*. Belo Horizonte: Leitura, 2002.)

LEIA O CARTAZ ABAIXO, COM A AJUDA DO PROFESSOR OU DE OUTRO ADULTO. DEPOIS RESPONDA ÀS QUESTÕES 8 A 15.

ADOÇÃO RESPONSÁVEL
EXISTEM CERCA DE 30 MILHÕES DE ANIMAIS VIVENDO NAS RUAS DO BRASIL

Prefeitura de Mairinque

(Disponível em: http://www.mairinque.sp.gov.br/noticia/prefeitura-orienta-moradores-sobre-adocao-responsavel. Acesso em: 13/9/2019.)

8 QUAIS SÃO OS PERSONAGENS DA IMAGEM? ESCREVA:

9 SÃO FILHOTES OU ADULTOS? ESCREVA:

10 ESTÃO ALEGRES OU TRISTES? ESCREVA:

RELEIA O TEXTO:

ADOÇÃO RESPONSÁVEL
EXISTEM CERCA DE 30 MILHÕES DE ANIMAIS VIVENDO NAS RUAS DO BRASIL

Prefeitura de Mairinque

Reprodução/Prefeitura Municipal de Mairinque

AGORA, RESPONDA ORALMENTE ÀS QUESTÕES 11 A 14.

11 QUEM PROMOVE A CAMPANHA DE ADOÇÃO?

12 QUANTOS ANIMAIS VIVEM NAS RUAS DO BRASIL?

13 QUAL É A FINALIDADE DO TEXTO?

14 O QUE VOCÊ ENTENDE POR "ADOÇÃO RESPONSÁVEL"?

15 SE VOCÊ FOSSE ADOTAR ALGUM ANIMAL, QUAL SERIA? DESENHE-O.

OBSERVE O QUADRO DE SINAIS A SEGUIR E DEPOIS RESPONDA ÀS QUESTÕES 16 A 18.

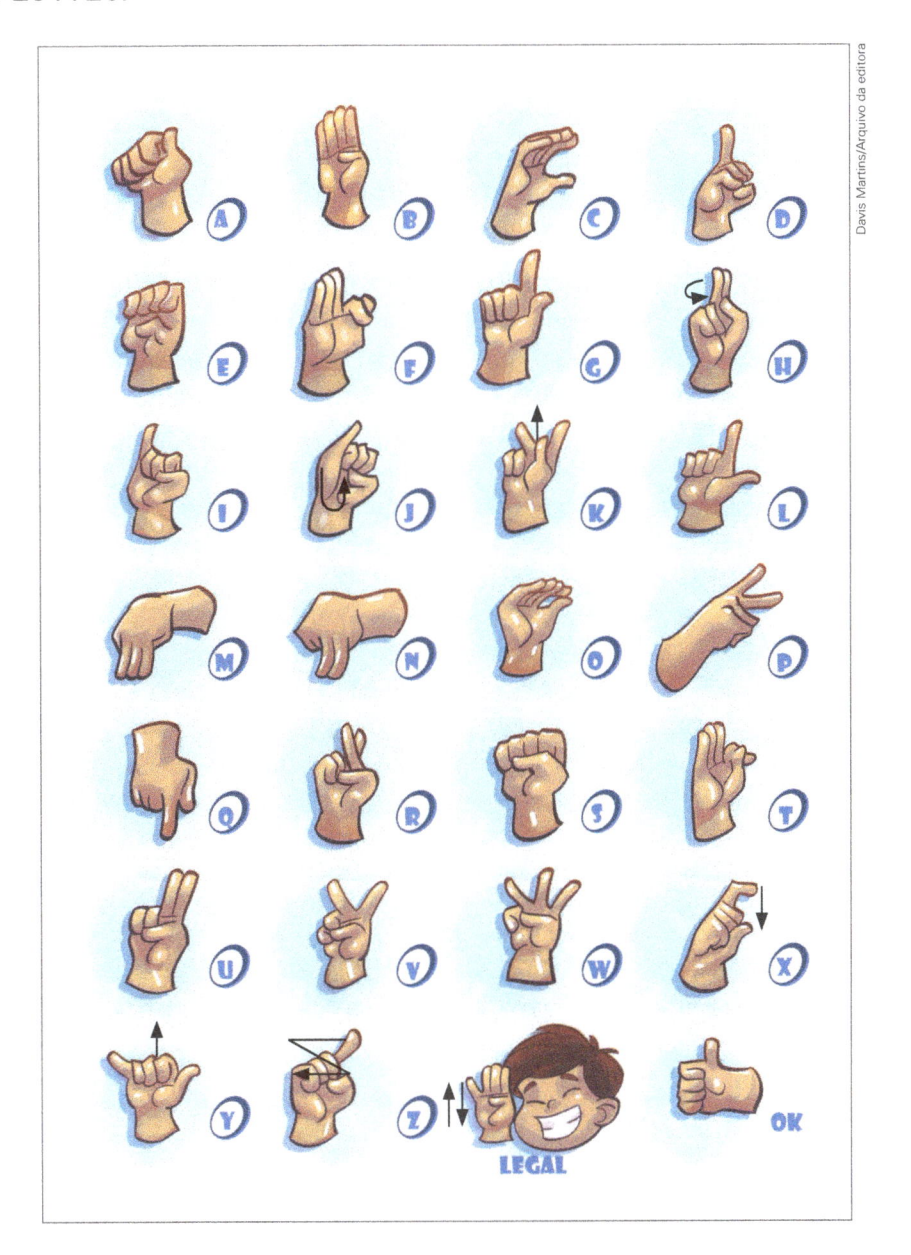

16 TROQUE IDEIAS COM O PROFESSOR E OS COLEGAS. O QUE SÃO ESSES SINAIS? RESPONDA ORALMENTE.

17 QUEM UTILIZA ESSES SINAIS? ESCREVA:

18 OBSERVE OS SINAIS E A CORRESPONDÊNCIA COM O ALFABETO DA LÍNGUA PORTUGUESA. DEPOIS, JUNTE-SE A UM COLEGA E DIGA QUAL É O SEU NOME, USANDO OS SINAIS.

LEIA O TEXTO A SEGUIR, COM A AJUDA DO PROFESSOR OU DE OUTRO ADULTO.

MÃE NARRA JOGO PARA O FILHO DEFICIENTE VISUAL E VÍDEO FAZ SUCESSO NAS REDES

NA NOITE DO ÚLTIMO DOMINGO (9), UMA IMAGEM CHAMOU ATENÇÃO DOS TORCEDORES DURANTE UMA PARTIDA CLÁSSICA DE CORINTHIANS E PALMEIRAS, NO ALLIANZ PARQUE. NA IMAGEM, A MÃE DE UMA CRIANÇA DEFICIENTE VISUAL NARRA O JOGO PARA O FILHO. O VÍDEO QUE CAPTOU ESSE MOMENTO VIRALIZOU NA INTERNET APÓS O TÉRMINO DO JOGO QUE FAZ PARTE DO CAMPEONATO BRASILEIRÃO.

NICOLAS, DE 11 ANOS, TEM APENAS 10% DA VISÃO. EM ENTREVISTA AO SPORTV, A MÃE, SILVIA GRECCO, DISSE QUE UM DOS LUGARES ONDE A CRIANÇA SE SENTE MAIS FELIZ NO MUNDO É DENTRO DO ESTÁDIO DO PALMEIRAS. AS IMAGENS EMOCIONARAM MUITA GENTE.

(Disponível em: https://paisefilhos.uol.com.br/crianca/mae-narra-jogo-para-o-filho-deficiente-visual-e-video-faz-sucesso-no-youtube/. Acesso em: 13/9/2019.)

AGORA, RESPONDA ÀS QUESTÕES 19 A 23.

19) NA PARTIDA ENTRE CORINTHIANS E PALMEIRAS, UM FATO CHAMOU A ATENÇÃO DOS TORCEDORES. RESPONDA ORALMENTE.

A) O QUE CHAMOU A ATENÇÃO DOS TORCEDORES?

B) ONDE OCORREU O JOGO?

20 MARQUE AS AFIRMAÇÕES VERDADEIRAS SOBRE NICOLAS.

☐ ELE É UMA CRIANÇA DE 11 ANOS.

☐ ELE É UM ADOLESCENTE DE 15 ANOS.

☐ ELE NASCEU DEFICIENTE VISUAL.

☐ ELE TEM 10% DA VISÃO.

21 COMO NICOLAS SE SENTE QUANDO ACOMPANHA O JOGO DENTRO DO ESTÁDIO?

☐

22 O VÍDEO VIRALIZOU NA INTERNET PORQUE:

☐ O MENINO FOI COM A MÃE AO ESTÁDIO.

☐ NÃO É COMUM UMA CENA COMO ESSA NOS ESTÁDIOS.

23 O QUE AS PESSOAS SENTIRAM AO VER O VÍDEO? POR QUÊ? RESPONDA ORALMENTE.

Bibliografia

BAKHTIN, MIKHAIL. *ESTÉTICA DA CRIAÇÃO VERBAL*. SÃO PAULO: MARTINS FONTES, 1997.

BATISTA, ANTÔNIO AUGUSTO G.; GALVÃO, ANA MARIA DE O. *LEITURA*: PRÁTICAS, IMPRESSOS, LETRAMENTOS. BELO HORIZONTE: AUTÊNTICA, 1999.

BRASIL. MINISTÉRIO DA EDUCAÇÃO. SECRETARIA DE EDUCAÇÃO BÁSICA. UNIÃO NACIONAL DOS DIRIGENTES MUNICIPAIS DA EDUCAÇÃO. CONSELHO NACIONAL DE SECRETARIAS DE EDUCAÇÃO. *BASE NACIONAL COMUM CURRICULAR*. VERSÃO FINAL, HOMOLOGADA EM DEZEMBRO DE 2017. DISPONÍVEL EM: HTTP://PORTAL.MEC.GOV.BR/CONSELHO-NACIONAL-DE-EDUCACAO/BASE-NACIONAL-COMUM-CURRICULAR-BNCC.

BRASIL. MINISTÉRIO DA EDUCAÇÃO E CULTURA. *PACTO NACIONAL PELA EDUCAÇÃO NA IDADE CERTA*. DISPONÍVEL EM: HTTP://PACTO.MEC.GOV.BR/INDEX.PHP.

_____. *AVALIAÇÃO NACIONAL DE ALFABETIZAÇÃO (ANA)*: DOCUMENTO BÁSICO. BRASÍLIA: INEP, 2013.

_____. *PROVA BRASIL*: MATRIZ DE REFERÊNCIA: LÍNGUA PORTUGUESA 4ª SÉRIE DO ENSINO FUNDAMENTAL. DISPONÍVEL EM: HTTP://PORTAL.INEP.GOV.BR/WEB/SAEB/MATRIZES-DEREFERENCIA-PROFESSOR E HTTP://PROVABRASIL.INEP.GOV.BR/.

_____. *PROVINHA BRASIL*: MATRIZ DE REFERÊNCIA PARA AVALIAÇÃO DA ALFABETIZAÇÃO E DO LETRAMENTO INICIAL. DISPONÍVEL EM: HTTP://PROVINHABRASIL.INEP.GOV.BR/.

COLL, CÉSAR; MARTÍN, ELENA. *APRENDER CONTEÚDOS & DESENVOLVER CAPACIDADES*. PORTO ALEGRE: ARTMED, 2004.

CORACINE, MARIA JOSÉ (ORG.). *O JOGO DISCURSIVO NA AULA DE LEITURA*. CAMPINAS: PONTES, 1995.

COSCARELLI, CARLA VIANA; RIBEIRO, ANA ELISA (ORG.). *LETRAMENTO DIGITAL*: ASPECTOS SOCIAIS E POSSIBILIDADES PEDAGÓGICAS. 3. ED. BELO HORIZONTE: CEALE/AUTÊNTICA, 2011.

COSTA, MARTA MORAIS DA. *SEMPREVIVA, A LEITURA*. CURITIBA: AYMARÁ, 2009.

ILARI, RODOLFO. *INTRODUÇÃO À SEMÂNTICA*: BRINCANDO COM A GRAMÁTICA. SÃO PAULO: CONTEXTO, 2001.

KLEIMAN, ÂNGELA. *LEITURA*: ENSINO E PESQUISA. CAMPINAS: PONTES, 1989.

_____. *TEXTO & LEITOR*. CAMPINAS: PONTES, 1995.

_____. MORAES, SILVIA E. *LEITURA E INTERDISCIPLINARIDADE*. CAMPINAS: MERCADO DE LETRAS, 1999.

KOCH, INGEDORE G. V. *A COERÊNCIA TEXTUAL*. SÃO PAULO: CONTEXTO, 1991.

_____. BENTES, ANNA CHRISTINA; CAVALCANTE, MÔNICA MAGALHÃES. *INTERTEXTUALIDADE*: DIÁLOGOS POSSÍVEIS. SÃO PAULO: CORTEZ, 2007.

_____. TRAVAGLIA, LUIZ C. *TEXTO E COERÊNCIA*. 4. ED. SÃO PAULO: CORTEZ, 1995.

LAJOLO, MARISA; ZILBERMAN, REGINA. *DAS TÁBUAS DA LEI À TELA DO COMPUTADOR*: A LEITURA EM SEUS DISCURSOS. SÃO PAULO: ÁTICA, 2009.

MACEDO, LINO DE; ASSIS, BERNARDETE A. (ORG.). *PSICANÁLISE & PEDAGOGIA*. SÃO PAULO: CASA DO PSICÓLOGO, 2002.

MACHADO, NILSON JOSÉ; MACEDO, LINO DE; ARANTES, VALÉRIA AMORIM. *JOGO E PROJETO*. SÃO PAULO: SUMMUS, 2006.

MARIA, LUZIA DE. *LEITURA & COLHEITA*: LIVROS, LEITURA E FORMAÇÃO DE LEITORES. PETRÓPOLIS: VOZES, 2002.

MARTINS, MARIA HELENA. *O QUE É LEITURA*. SÃO PAULO: BRASILIENSE, 2004.

PERRENOUD, PHILIPPE. *CONSTRUIR AS COMPETÊNCIAS DESDE A ESCOLA*. PORTO ALEGRE: ARTMED, 1999.

ROJO, ROXANE; MOURA, EDUARDO (ORG.). *MULTILETRAMENTO NA ESCOLA*. SÃO PAULO: PARÁBOLA, 2012.

SCHNEUWLY, BERNARD; DOLZ, JOAQUIM. *OS GÊNEROS ORAIS E ESCRITOS NA ESCOLA*. TRADUÇÃO E ORGANIZAÇÃO DE ROXANE ROJO E GLAÍS CORDEIRO. CAMPINAS: MERCADO DE LETRAS, 2004.

SOLÉ, ISABEL. *ESTRATÉGIAS DE LEITURA*. PORTO ALEGRE: ARTMED, 1998.

ZILBERMAN, REGINA DA SILVA (ORG.). *LEITURA*: PERSPECTIVAS INTERDISCIPLINARES. SÃO PAULO: ÁTICA, 1999.